成就个人、企业团队必备的成功

TEAM IS THE BUILTUP
NOT THAT OF PEOPLE

团队

人在一起叫聚会 心在一起是团队

王志彬 / 著

中国商业出版社

图书在版编目（CIP）数据

团队/王志彬著．—北京：中国商业出版社，
2018.10

ISBN 978 - 7 - 5208 - 0603 - 9

Ⅰ.①团… Ⅱ.①王… Ⅲ.①组织管理学 - 研究
Ⅳ.①C936

中国版本图书馆 CIP 数据核字（2018）第 223863 号

责任编辑：姜丽君

中国商业出版社出版发行

010 - 63180647　www.c - cbook.com

（100053　北京广安门内报国寺 1 号）

新华书店经销

北京竹曦印务有限公司

＊　＊　＊　＊

710 毫米×1000 毫米　16 开　17 印张　180 千字

2018 年 11 月第 1 版　　2018 年 11 月第 1 次印刷

定价：45.00 元

＊　＊　＊　＊

（如有印装质量问题可更换）

前　言

　　一个人的能力是有限的，要想在激烈的商业竞争中创造骄人的业绩，单凭一个人的能力是很难办到的。所以，与其一个人打拼，不如找一些可以互补的人结成合作关系，集中不同的能力与资源，成功的机会才会大大增加。作为一名当今职场人，必须要清醒地认识到"孤胆英雄"早已成为历史，而紧密的团队合作才是获得成功的最佳途径。

　　人在一起聚会往往是凑热闹，心在一起才是能打拼、打胜仗的团队。团队合作不会十全十美，就算你费尽千辛万苦找到了合适的合作伙伴，也不代表相互之间的合作能够一直维持下去。虽说当初的长期合作、持续发展、把企业做大做强的想法是正确的，但事情的发展往往不会按照人们的预期走下去，目标一致并不代表合作能够进行到最后，很多企业的合作人能够共患难，却不能同富贵。

　　综观许多的所谓"团队"，大都是一些有想法、相关联的人硬"凑"到一起的，每个人对团队合作的真正意义与内涵并不十分了解，这让不少团队有其表而无其实，真到了实战时便会成为一群散兵败将。团队合作绝不是简单地拼凑在一起的一群人，那充其量只能叫聚会。一个企业要想真正建成一支团队，一个人要想真正融入到一个团队中，每个团队成员就必须了解什么是真正的团队合作和团队精神。只有了解了团队合作形式下所蕴含的核心理念，让自己拥有强大的团队合作能力与团队意识，才能真正从团队合作中给企业带来发展、给团队带来活力、给自己带来进步，让自己与团队一起走向最终的胜利。

本书共分为十二章，告诉人们、合作，就是一种团结众人、依靠众人的智慧，应发挥众人的力量，使之心往一处想、劲往一处使，并在相互之间做好协调配合，从而把事情做得更快更好的方法。所以，人人都需要合作。合作才叫团队，组成了团队才能发挥成员各自的能力和智慧，干出心想事成的事业来。

目　录

第一章

聚会不是合作，不要把朋友与合作伙伴搅到一起

最好不要与亲密朋友合作创业

如果你想开创一番事业，而你身边的好朋友正好也有相同的想法，那么这时你们是否会一拍即合呢？

好朋友的诱惑在于朋友之间的那种心心相通，在于"有福同享，有难同当"，在于"两肋插刀"的气魄。有这么多诱人的因素摆在面前，仿佛只要有了好朋友，一切问题就都能解决了。好朋友可能是同学、战友、发小，互相之间没有利害冲突，可以随心所欲地说东道西、聊天喝酒。更难得的是，好朋友彼此知根知底，没有面对陌生人时的种种不便。

正因为如此，一般人在创业或者开拓自己的事业时总是想找好朋友一起做。按理说，当你和好朋友走到一起，为了共同的事业一起努力，这是一桩好事，但这里面有一个谁领导谁的问题。兄弟之间还可以有一个大哥，但好朋友之间就难分彼此了，平时觉得意气相投，直来直去惯了，可工作不能这样，总得有个人说话更有分量一些。如果总是一个人一个想法、一个人一套思路，长此以往就会产生摩擦与隔阂，最后好说好散还好，就怕弄得钱没赚到，反倒丢了朋友。

在合作创业时，用私人感情来选择合作者是不明智的。或者说，亲密的朋友不一定是最佳合作人，还请大家三思而后行。

王若雪把自己的丈夫介绍给了老同学董青认识。之后，两人的关系一直不错，董青夫妇和自己也是多年的密友。前些年，王若雪的丈夫开始同董青合作做生意，两人从选位置一步步做起来，现在，王若雪的丈夫经营 H 地段的一个店铺，董青经营 J 地段的一个店铺、H 地段和 J 地段有一个小时的路程。

前些天，王若雪和董青夫妇开车去外地跑生意上的事，路上跑了 4 个小时。因为路上寂寞，平时很难聚到一起，所以他们一路上都在不停地聊天。

因为好久不见了，大家又都从事一个行业，所以少不了聊生意上的事情，交流和沟通生意经。不知道因为哪个话题，说到了王若雪的丈夫身上。

王若雪的丈夫和董青合伙的店铺现在做得很成功，每个店铺只有十几平方米，H地段每个月能有1万元净收入，J地段一个月能有2万元净收入。王若雪的丈夫喜欢喝酒钓鱼，这些年做生意，经常在外应酬，交了许多朋友。今年就经常被董青的爱人发现他去海边玩，或去钓鱼，或去喝酒，嘴里没有一句真话，店里的事情什么都不管，全部交给了别人。

在车上，董青的爱人直言不讳地向王若雪提出了散伙的想法，这是他一直都在主张的。他认为，如果继续合伙，就要为王若雪的丈夫操很多心。

董青一听就表示反对，两个人在车上闹得很僵。为了散伙的事情，董青的爱人说王若雪的丈夫没有生意头脑，即使给他几十万元也会让他赔光。

听着多年的好朋友和她爱人为自己的丈夫争吵，王若雪脸上红一阵白一阵，不知如何是好。她知道董青在J地段的店铺要比H地段的店铺忙碌很多、辛苦很多。而随着生活质量的提高，自己的丈夫越来越会享受。对此，董青夫妇心中肯定会感到不平衡，毕竟这是大家合伙做生意。

王若雪在心中暗自苦恼：这就是与亲密的朋友合伙创业成功的后遗症吧。

在生意中讲感情是非常要不得的，所以有人采取很分明的态度，谈生意决不讲感情、交朋友决不谈生意，二者分得清清楚楚。这是非常明智的做法，既可保证生意的正常进行，也不会因生意而伤害了友情。

做生意，最重要的就是要开拓自己的市场，而要开拓市场就得多结识一些生意上的朋友。从某种意义上说，市场就是一种人际关系。如果你没有几个生意上的朋友，可以说寸步难行。

但交朋友的目的不是为了生意，不能本末倒置。与亲密的朋友一起合伙做生意很容易公私不分，引发合作之后的矛盾。到那时，不仅生意会失败，而且连好朋友也做不成了。所谓"生意场上无父子""亲兄弟，明算账"，说的就是这个道理。

总而言之，在生意场上，江湖义气、感情用事的事是不能做的，把朋友同合作伙伴搅到一起，最后的结果往往是既砸了生意，也破坏了友情。

跟朋友合伙要先明确责权利

一个好演员，应该善于扮演各种不同的角色。其实，人的一生也是在不同的角色变换过程中度过的。只有无数次正确的角色转换，才能使人更加丰富多彩。

当然，有些转换很自然，人们可以很好地适应；而有些转换，尽管无论怎样也适应不了，但还是得接受。儿子变成父亲、孙子变成爷爷是一个漫长的角色转换，这样的转换很好适应；而有的角色转换只是一夜之间或者是一瞬间的事情，于是就会让人难以适应。比如，一个人，昨天还是在股市拥有价值数百万元股票的富翁，今天就因股市崩盘而倾家荡产；昨天还是管理几十名员工的部门主管，今天就被炒了鱿鱼，等等。

同样，在我们每个人的人脉关系中，也经常会碰到类似朋友变成合作者的情况。在这种情况下，势必要很好地把握转变角色这一事实，否则便会带来很多不必要的麻烦。

合伙创业，失败者多而成功者少。很多人对合伙创业的看法一般都比较悲观，甚至觉得"合伙即散伙"。但毕竟不是所有的合伙创业者最后都会以分手告终，还是有成功的案例的。而且，只要仔细观察你便会发现，创业企业一旦克服了"散伙怪圈"，就会变得坚不可摧。如果合伙创业者们能够秉持"求同存异"的战略方针，事事不过于计较，相互之间宽容信赖，那么企业一定能够走得更远。

国内某知名的咨询顾问公司最近解散了。这家顾问公司曾经是国内管理顾问方面最成功的咨询公司之一，公司的四位合作者在业界也拥有一定的影响力。当初，四位合作者在组建这家公司时按照每人25%的股份平均分配，每人负责一块业务。由于这四位创始合作者每人都在各自领域具有较强的业务能力，所以该公司在创业初期一帆风顺，很快就发展成为业内知名的管理咨询公司。

然而，随着业务的发展，公司的四块业务出现了发展的不平衡，其中两块业务占据了公司经营额的80%。很快，四个合作者之间就出现了矛盾，但当初约定的25%的股份却难以改变。在矛盾难以调和的情况下，该公司解散，四位合作者各奔东西。

俗话说，"买卖不成仁义在"，这就是做生意的基本原则。就算最后分道扬镳了，也不要将朋友变成仇人。亲戚、朋友、兄弟等合伙创业，往往有亲情、友情混杂在企业制度中，公司一天天发展壮大，如果制度不明朗，之后出现问题就会变得很麻烦。如果在创业团队里人人都只打自己的如意算盘，为个人的利益争执不休，企业就很难正常运转下去。所以，前期对每位合作人的权责进行详细的陈述和约定十分有必要，千万不要碍于面子马虎了事。

为了合作更加愉快和长久，为了远大目标的顺利实现，你需要跟合作者事先明确以下几点：

（1）合作的原因

当事业的发展让创业者不得不选择合作者的时候，你当然要选择合作。因为合作可以使项目获得更好的发展，合作可以使双方实现资源共享、优势互补，合作可以使自己变得更加强大。

（2）合作双方的目的和目标

但凡是商业合作，都需要有共同的方向和目标。只有合作双方或多方之间具有共同的创业目标，才能走到一起。目标的正确与否将直接关系到合作的成败，同时也是能否找到合作伙伴的关键。在选择合作伙伴的时候，需要明确合作伙伴有什么样的合作资源，这种资源就是你选择同他合作的目的。有了清楚的合作目的和共同目标，合作关系才能成立。

（3）合作伙伴的职责

当合作开始后，要明确合作伙伴各自的职责。职责分工不能模糊，最好做出书面的职责规定，因为是长期的合作，明晰责任非常重要，这样可以在后期的经营中不至于互相扯皮、反目成仇。

（4）各自的投入比例与利润分配

双方一旦确定合作，就必然要量化合作投入的比例，这是根据各自的合作资源作价产生的。因为投入比例和分配利益是成正比的关系，所以也要以书面形式确定清楚。当然，根据经营情况的变化，投入也要加以变化。在开始的时候就要分析清楚后期的资金或者资源的再投入情况，如果一方没有再投资的实力，那么另一方的投入会转换成相应的投资占股，以分配投入产出的利益。

（5）完善退出机制

合作的时候也要想到"散伙"，因为可能由于各种原因导致合作无法进行，其中的一方会选择退出。因此，事先要明确退出时的投入比与退出比的量，以及怎样补偿、由谁承接。这些要提前做出书面规定并写到合同里，避免以后发生纠纷。不要意气用事，不要认为"大家都是朋友，不必斤斤计较"，合理的退出机制是合作的很重要的组成部分。

（6）预防合作摩擦

合作双方难免会在后期的经营和利润分配方面发生矛盾，所以，双方在合作之初就应当合理地安排分工及职责，明确各自的责任，保持一个良好的经营合作氛围，预防摩擦的发生。一旦出现了摩擦，要用积极的态度来解决摩擦，以求公平合理地考虑双方的利益。

（7）签订商业契约

很多小企业在合作之初往往不会对一些合作细节进行明确的规定，这样的做法是不正确的。一旦出现问题，没有一个根本的办法去解决，合作双方就很容易互相攻击、各自抱怨。正确的做法是，无论合作方是谁，即使是朋友或亲人也应当该建立在商业契约的基础之上，用商业契约的解决方法去解决合作纠纷，避免留下后遗症。因此，一切的合作细节都要提前规定、提前明晰，只有一切合同化了才能创造一个良好的合作平台。

三心二意不会合作共赢

忠诚一向都是企业家眼中员工应具备的最大美德。每个企业的发展和壮大都是靠员工的忠诚来维持的，如果所有的员工对公司都不忠诚，那这个公司的结局就是破产，那些不忠诚的员工也自然会失业。因为只有所有的员工都对企业忠诚，才能发挥出团队的力量，才能拧成一股绳，劲往一处使，推动企业走向成功。同样，一个员工也只有具备了忠诚的品质，才能取得事业上的成功。

有个成语叫作"南辕北辙"，意思是说，目的地在南方，但驾车的方向却对准北方，结果跑得越快，离目标越远。很多小老板以善于投机取巧为能事，以过河拆桥、善攀高枝为荣耀，这样做无异于南辕北辙。

曹操率兵攻打小沛，关羽被困土山，不知刘备、张飞的下落，约三日之后投降曹操。曹操爱其才，三日一小宴、五日一大宴，又送美女、又送珍宝。曹操赐他的锦袍他穿于内，而把刘备所赐的旧袍穿于外，以示不忘兄长。对此，曹操不但不恼，反而对他更加喜爱。曹操赐关羽赤兔马，关羽表示谢意时说："吾知此马日行千里，今幸得之，若知兄长下落，可一日见矣。"当关羽千里走单骑，过五关斩六将，与刘备、张飞团聚时，他的忠诚不仅赢得了刘备的高度信任，也使他的对手更加钦佩其为人。

某厂经理、法人代表蔡某，利用职务之便，采取欺骗手段，在海城市工商局将陈某、蔡某共同所有的某厂变为了他个人所有的个体工商户，蔡某涉嫌职务侵占38万元。经有关部门立案侦查后移送检察院，检察院的起诉书认定：蔡某身为海城市某厂的法定代表人，于2006年1月利用职务之便，指使他人伪造了该厂的清算报告、职工代表大会决议、转制协议等书面材料，骗取了海城市海州管理区的批复文件后，将集体性质的海城市海州管理区某厂在海城市工商行政管理局注销，并以自己是经营者的名义办理了个体工商户营业执照，将该厂的砖窑、电工房、仓库、宿舍、机器设备等固定资产和该厂的 62000 平方米国有土地使用权占为己有。被其侵占的财产总价值为5437656 元人民币。检察院认为，蔡某的行为触犯了刑法第二百七十一条，应当以职务侵占罪处罚。

本来是生意合作人，最终却反目成仇，这种例子并不少见，也凸显了忠诚的可贵。

李琳的长相并不出众，学历也不高，最初在一家房地产公司做电脑打字员。她的打字室与老板的办公室只隔着一块大玻璃，只要她愿意，可以将老板的举动看得清清楚楚，但她很少向那边多看一眼。李琳每天都有打不完的材料，她知道工作认真刻苦是她唯一可以和别人一争短长的资本。她处处为公司打算，就连打印纸都不舍得浪费一张，如果不是要紧的文件，她会把一张打印纸两面用。

一年后，公司资金运转困难，员工工资开始告急，其他人纷纷跳槽，最后，总经理办公室的工作人员就剩她一个了。人少了，李琳的工作量加重了很多，除了打字之外还要做些接听电话、为老板整理文件的杂活儿。有一天，李琳走进老板的办公室，直截了当地问老板："您认为您的公司已经垮了吗？"

老板很惊讶，说："没有！"

"既然没有，您就不应该这样消沉。现在的情况确实不好，可很多公司都面临着同样的问题，并非只是我们一家。我们不是还有一个大项目吗？只要好好做，这个项目就可以成为公司重整旗鼓的开始。"说完，她拿出了那个项目的策划文案。隔了几天，李琳被派去做那个项目。两个月后，那片位置不算好的房产项目全部先期售出，李琳为公司拿到了上千万元支票，公司终于有了起色。

4 年后，李琳成为了公司的副总经理，帮助老板做了好几个大项目。又过了 4 年，公司改成股份制，老板成了董事长，李琳则成为新公司的第一任总经理。

在总结自己的职业生涯时，李琳说："我不聪明，也不出众，却和公司一起赢了，许多职场高手问我是如何成功的，我说一要用心、二没私心。"

很多人一面在为公司工作，一面则在心里打着个人的小算盘，如此三心二意，怎么能让公司赢利呢？世上有些道理本是相通的，比如，夫妻双方应当彼此忠诚，公司和员工也应当彼此忠诚。只有这样，家庭才能和顺、公司才能兴旺。

　　从李琳身上我们看到了忠诚的魅力，它是一个员工的优势和资本，能够赢得老板的信任。如果你拥有忠诚的美德，那么总有一天它会成为你巨大的财富。相反，如果你失去了忠诚，那你就失去了做人的原则，失去了成功的机会。

合作的前提是价值观

合作伙伴的选择适当与否直接关系到企业合作经营战略目标能否实现。所以，花些时间了解对方的核心价值观是选择合作伙伴的基本原则之一。

清朝末年，八旗士兵被外国侵略者和太平军打得失去了战斗力。为了镇压太平天国运动，朝廷让曾国藩自己招兵买马组建军队。曾国藩很快就组建起了一支军队，这支军队就是湘军。湘军的战斗力很强，在镇压太平天国运动的战斗中立下了无数战功。

湘军之所以如此骁勇，还要从军队士兵的来源说起。曾国藩心里清楚，一支军队战斗力的高低和士兵的素质直接相关，所以，参军的人一定要有能力。但光有能力也不行，还要考虑其他因素，比如有没有决心，能不能吃苦，是不是够忠心等。

曾国藩考虑了很长时间，能够满足所有要求的只有一个地方的人，那就是其老家湖南的人。由此，他依靠师徒、亲戚、好友等复杂的人际关系，建立了一支地方团练，这就是后来的湘军。曾国藩清楚，不是所有人都会和自己一条心，最可靠的人就是身边有着伦理道德关系的人。

除此之外，他招收士兵很有自己的见解。他的湘军士兵，大部分都是黑脚杆的农民，这些朴实的农民既能吃苦耐劳又很忠勇，一上战场，则父死子代、兄亡弟继，义无反顾。因此，他在选人时，年轻力壮、朴实而有农夫气者为上；油头滑面而有市井气者、衙门气者，概不收用。他还总结出了一套识人的规律：山僻之民多悍，水乡之民多浮滑。城市多浮情之习，乡村多朴拙之夫。

曾国藩明白，能够和自己共同战斗的人只是少数，而这少数就是农民以及自己的同乡，大家的性命、前途被绑到了一起，共同做事情才更加安全可靠。

在海上，风急浪高，一不小心就会搭上性命，所以出海之前船长总会慎重地选择船员，这样才能将风险降到最低。

我们的生活也是一样，虽然没有大浪，但却有许多看不到的暗礁。在这种情况下，选择同伴就显得非常重要了。

人与人的主张和追求不同，是很难在一起合作的。俗话说，人生得一知己足矣。知己就是志同道合者，只有用共同的价值观把彼此联结到一起，双方的关系才会长久牢靠。

魏永杰毕业后在一家咨询公司工作了几年，有了一些积蓄，但不知道如何投资。正在他踌躇之际，同样有着创业梦想的朋友肖然提议该两人合伙开一家花店，魏永杰顿时来了兴致。原来，魏永杰脑子比较简单，不懂得怎么去炒股、买基金，唯独很喜欢花花草草。于是两人一拍即合。

建立在志同道合基础上的合作进展得很顺利，魏永杰和肖然很快就在市中心租了一家十多平方米的空闲店铺。两人合伙，分别注资 3 万多元，花店就这样办起来了。

魏永杰的花店主要出售各种时尚花种，像水培花、水晶花、玫瑰花，还有鲜切花、干花、绢花等。一盆水培花，原料成本为 10 ~ 30 元，加上工资、水电、交通费、杂费等经营成本 10 元左右，但售价可以在 100 元以上。生意好的时候，每天可以卖出将近 20 盆。

因为魏永杰和肖然都是喜欢花艺的人，所以他们平时总会认真研究，在对市场进行了一系列调查之后，他们扩大了花店的业务：除了卖花之外，魏永杰还专门请来懂护理技术的师傅，兼营花卉护理业务，包括嫁接剪枝、除虫施肥、移盆换土以及接受咨询等。如果顾客需要，还可以提供定时上门和服务摆。花卉护理是技术活，收费虽不贵，但由于付出的成本极有限，如购置剪刀、喷药器、除虫药、花肥、铲子等，费用也就五六百元，所以收益还是相当可观的。生意不错的时候，仅这项服务每月就可赢利三四千元。

之所以说志同道合是成功合作的基础，是因为共同的兴趣、共同的愿望能够减少合作双方在合作以外的摩擦，使双方能全心全意地朝着同一个目标奋进。

合作竞争战略是一个风险性较高的竞争战略，这一战略在实施过程中，任何一个环节的疏忽都可能使伙伴关系出现危机。一旦伙伴关系发生危机，企业失败的可能性就会极大，由此带来的损失是无法估量的，除了人力、物力、时间等的浪费之外，更重要的是机会的丧失，这对企业来说可能是致命的。

因此，有没有共同的价值观、有没有创造利益的潜力以及有没有有利的合作环境等是选择合作伙伴时的重要原则。

慎选合作伙伴是合作竞争战略实施过程中有效降低风险的最基本方法。那么，哪些是选择合作伙伴时应当重点考虑的核心价值观呢？

（1）双赢是否有共识

也就是合作双方对合作竞争的目的是否有共同的认识。双赢的价值观可以说是首要的核心价值观，因为如果对方并不信奉双赢模式，而持非赢即输的观点，那么合作关系该如何建立？

（2）合作伙伴之间是否存在某些特殊的价值观

对于自己或合作企业存在的特殊的价值观，必须要慎重地加以对待，在建立伙伴关系之前就应有深入的了解和认识。比如，有的企业极其重视环境保护，甚至制定出了高出政府的环保标准；有的企业特别注重其行为的合法性，不屑于打政策、法规的"擦边球"等。若是双方都能够接受的、相容的特殊价值观，将不会成为合作的障碍；而若双方持有不能相容的特殊价值观，则不应尝试去建立合作的关系。

（3）对产品或服务品质的看法是合作企业能否顺利合作的关键

追求低成本战略的企业对品质的认识，肯定不同于不惜高成本使产品达到尽善尽美的企业对品质的认识，这样的两家企业若要结成伙伴关系，他们在产品或服务品质上的不同看法将不可避免地导致合作失败。

合作企业享有趋同的价值观是促成合作伙伴关系的一个重要因素。如果两个企业对所重视的价值判断有着重大差异，其结果可想而知——合作竞争战略的目标是难以实现的。而价值观接近的企业则能促使合作双方为了共同的利益而贡献自己的一份力量。

但是，合作环境的变数太大，仅仅关心对方的核心价值观是完全不够的，我们还要关心有可能影响合作的各种因素，才能在复杂多变的竞争环境中立于不败之地。

企业在选择合作伙伴时应当首先考虑与之结成伙伴关系后能否创造真正的价值，并且是在传统的交易关系及简单的合作关系中无法实现的利益。这也是我们首先考虑对方核心价值观的意义之所在。

成功创业是要选对人

在合作开始之前要谨慎选择合作者，不能为了利益而不加考察，什么人都可以合作。要知道，选错合作者无异于是一场灾难的开始。

常冉多年来一直想开一家加工厂，但苦于没有人合作。直到 2006 年 7 月，终于有人愿意与他合伙经营，因此，常冉没有多加考虑便同意了。

他们因为采用供机的模式，所以买了几台机器。当时常冉的合作伙伴手头上已经有了一定的接单能力，但首期不足，所以常冉先支付一半的机器款，余下的按每月 10000 元来供，分 5 个月供完。

但是，在一起经营生意的几个月，他们的业绩一直平平，先前赚的一点钱也花在这两个月的供款内了。合作人觉得做不下去了，想卖掉机器，但常冉一打听价格，吓了一跳，使用寿命为 90 年的机器，现在用了不到 5 个月，价格竟减损了一半。

这时候，合作伙伴又提出想按这个价格稍高一点的价钱借钱买下机器，就算常冉退股。常冉想，卖到外边，价钱更低，自己把机器买下来也不实际，他自己又没有多少接单能力，到时候光是供款就能把自己拖死。就这样，常冉陷入了两难的困局。

后来常冉才知道，厂子的业绩之所以不好，是因为合作人故意不接单，他是想逼自己退股，好吃掉自己的钱。常冉仔细算了一下，仅仅几个月时间自己就亏了 3 万多元，但这个行业却是赚钱的，自己的困境完全是自己的合作者一手造成的。

总结教训后的常冉奉劝其他想与别人合作做生意的朋友，找合作者一定要谨慎，合作者找得好就是阳关大道，找不好就是万丈深渊。

找合作者就像找导师一样，而且，你对合作者的依赖甚至高于对导师的依赖，因此应当慎重挑选。

首先，考虑自己为什么真的需要合作者——是精神上的支持，还是自己的知识和基本技能有漏洞，需要他人的弥补？

其次，和不熟悉的人一起创业，结果不会很好；与熟悉的人合作，则会有比较长时间的信任。一个人永远不能完全确定自己选对了人，但对他们越了解，则越有可能做出好的选择。

最后，如果确定自己真的需要合作者，就要尽可能多地找一些关于对方的参考材料，并仔细加以审查，尽早把"坏合作者"否决在合作的大门之外。

我们不得不承认，现在合作者之间的纠纷已越来越多，为了避免遇到"坏合作者"而对簿公堂、损失惨重，一定要事先了解一些合伙经营中的种种禁忌。注意处理好这些问题，才能避免被"坏合作人"坑害。

（1）小肚鸡肠的人合伙后会算计你

想创业，项目不好选，合作者也不好找，困难重重。但越是这样，越不能放松对合作者的要求，万一找了一个小肚鸡肠的合作者整天算计你，那以后的发展可就举步维艰了。所以，在选择合作者的时候一定要擦亮慧眼，千万不能与小肚鸡肠的人合作。

文颖萱就是一个不小心与小肚鸡肠者合伙做生意，而导致麻烦不断的创业者。

2003年深秋，文颖萱和同乡姐妹程子媛从湖北老家来到广东合伙做外贸服装贸易，她们各自出了一部分资金，程子媛负责采购，文颖萱负责销售。

创业初期虽然有很多困难，但是她们每天都很快乐，因为她们对未来充满了希望，每一天都在努力着。第一年的辛苦劳动终于有了回报，她们赚了20万元。这让她们有了很大的信心，于是，她们买了电脑，建立了自己的网站，希望能够在网上做贸易，认识更多的朋友及合作伙伴，同时增加了工人、扩大了店面。本来以为今后的日子会越来越好，可没想到这时却出了问题，程子媛迷上了网聊，很快就开始了网恋，并且在几个月之内结束了她8年的婚姻。

程子媛的离婚导致了资金的分流，因为她要分一部分财产给丈夫，当时虽然对生意有些影响，但并不是很大。只是从这儿以后，文颖萱发现程子媛的心思已经不在生意上了，而是整天小肚鸡肠地跟自己算计着如何分钱。

文颖萱知道，程子媛的网恋情人其实是个社会上的混混，身无分文，还喜欢赌博，这时程子媛要和自己分钱，很有可能是为了供他挥霍。果然，时间不长，程子嫒就提出让文颖萱分给她一部分钱，然后她自己单做。

由于平时程子嫒已经陆续把她的投资提了出来，也就是说，现在生意上的资金已经基本上算是文颖萱一个人的投资加上两个人共同创造的利润了，所以面对这个要求，文颖萱不知道该怎么做。不分开不行，程子嫒每天都缠着自己；可分开了文颖萱也难做，因为平时都是程子嫒负责采购，自己对这一块不是很熟悉，而程子嫒还希望分到现金。其实，由于程子嫒不努力，今年的生意差了很多，上半年基本上没赚到什么钱，还积压了不少货。

文颖萱算了一下手头的现金，还不够自己的投资款呢。也就是说，文颖萱的投资资金的一部分和两个人的利润都压到了货上，可程子嫒现在要让文颖萱给她分现金，如果这样做，文颖萱的流动资金就会出问题，加上她又不会进货，很容易导致断货的局面。为此，文颖萱很是着急。

正当这个时候，文颖萱无意中遇到了程子嫒的前夫，竟然从他的口中得知了一个惊人的消息：离婚时，程子嫒没给丈夫半毛钱！文颖萱终于恍然大悟，原来自己的合作人一直在算计合伙投资的钱，这样的合作伙伴怎么能长久呢！于是，文颖萱马上与程子嫒算清了账，结束了合作关系。

当然，即使不是和小肚鸡肠的人合作也有可能遭人算计。所以，我们与合作者应以诚相待，减少对方的猜忌。

（2）绝不可与人品低劣的人合伙

不管是合伙做生意还是交朋友，对合作者人品的考察永远都是第一位的。对于那些人品有问题的人一定要敬而远之，与这样的人交朋友是很危险的事情，更别提一起合伙做生意了。

很多人以为，大家一起做生意，关心的只是利润，为人怎么样与自己没有多大关系，其实不然。无数被人品低下的合作者拖后腿的前例摆在面前，还不足以让人们警醒吗？

段萧在3个月前与两个朋友一起合租了一间工作室，项目是做平面设计和印刷。那两个朋友，一个是平面设计，另外一个对印刷有过接触，但不精通。

他们在公司吃住，每天早晨8点才起床，段萧几乎成了他们的闹钟。他们住在公司，却很少打扫卫生，这件事基本上由段萧全权负责了。为此，段萧也说过他们几次，却被他们称为"老妈子"。

业绩未见，饭却一顿都不能少，3个月了，75%的利润都是自己创造的，却不见他们有压力。面对 3 个月全是投入而没有收入的情况，段萧提出了发工资的具体办法，实际上就是发提成，50% 给业务、20% 给设计，公司留30% 以备用。

但意见一提，他们便时常私语，让段萧很是尴尬，这样下去，合作还怎么进行？段萧真的非常后悔与这样的人合作。

虽然合作创业之路不可能一帆风顺，但如果遇到人品有问题的合作伙伴，合作的道路只会越走越艰难，前景也更是堪忧。人品低劣的人表面上干劲冲天、信心满怀、团结一致、奋力拼搏，但一段时间过后，自己的小心思就会暴露出来，最后问题越来越多，产生矛盾，无法维持正常经营。随着时间的推移，人与人之间的矛盾会进一步恶化，直到整个公司或企业瘫痪破产，才算罢休。

所以，在此真诚地奉劝那些想要合伙创业的朋友们，选择合作伙伴时一定要看清楚对方的人品。

（3）不要跟把老婆安排进公司的人合伙

想创业，找合作人一起打拼永远是最佳的选择，既能降低风险又能增加实力。但是，如果你的合作人是个有过把自己老婆安排进合作者公司里来的"前科"的人，你可一定要谨慎了，这种人绝不是做合作者的好选择。

陈亮和张超是合伙经营一个企业的两个合作者，但最近一段时间，张超不但工作不积极，还把自己的老婆带到公司来，名为像大家一样积极为合伙企业出主意、想办法，实际上只是给老婆安排一份省心省力的工作。意见很大的陈亮在很多不同的场合多次想从侧面点醒他，但收效不大，张超依然知无知觉。

面对这种情况，陈亮并没有急于与张超理论，而是一方面进行深入细致的调查，搞清楚张超工作不积极、没有热情、让老婆来公司充数的原因，另一方面等待时机，希望能在恰当的时候点醒张超。

经过调查，陈亮发现，原来张超发财之后开始追求享受，有了小富即安的思想。有一次，他们特意见了一个以前的朋友，此人因为富裕之后贪图享乐，没把心思用到事业上，结果把一个好端端的企业弄垮了，现在穷困潦倒、四处借钱。此人走后，陈亮便以此人为例，语重心长地劝说张超，终于使张超幡然悔悟，不仅让老婆离开了公司，而且自己也比从前更努力工作了。

如果你已经不小心上了贼船：碰上了把老婆安排进公司的合作者，那就要防患于未然，尽早杜绝上述问题的发生。如果你还是不好意思直接警告对方，那至少也要聪明地点醒你的合作者。

所以，作为一个创业者，你必须知道自己需要在哪些方面有专长的人。一般有四种合作者可供选择：一是资金合作者，二是技术合作者，三是资源合作者，四是能力合作者。

只有明确了自己所需要的专长的人才之后，再积极地寻找能够与自己优势互补的合作伙伴，才能拥有成功创业的基础。

让自己呈现出"完美"的状态

当今的社会竞争异常激烈，一个缺乏团队意识、不懂得互助和协作的人，即使拥有超强的能力也难以在工作中更好地发挥出自己的优势，甚至难以在职场中立足。抛弃了团队精神，就意味着抛弃了更好地实现自身价值的机会，团队固然要为此承担风险，但损失最大的无疑还是你自己。

对于团队中的每一个人而言，没有你我，只有我们。只有所有人都向着同一个目标前进，为团队做出力所能及的贡献，整个团队才会距离成功更近。当团队收获了荣誉和成就，每一个为之付出过努力的团队成员也将最大限度地实现自身的价值。一个人如果不能很好地融入团队，就会像离开大海的水一样迅速"干涸"。

大雁是典型的候鸟。每年冬天到来之前，它们都需要经历遥远的飞行，从寒冷的北方迁徙到温暖的南方过冬。在遥远的飞行中，他们会遇到猎人的枪弹，会历经狂风暴雨、电闪雷鸣及寒流与缺水的威胁，但每一年他们都能成功往返。这正是它们通力合作的结果。

大雁是自然界里强有力的团队之一。它们起飞时，如果风大，雁群就会排开成"V"字形，这样的队形使每只雁振翅高飞时也会为后面的队友提供"向上之风"，这种省力的飞行模式让每只大雁都能最大可能地节省能量。这比孤雁单飞提升了71%的飞行能量。当某只雁偏离队伍时，它会立刻发现单独飞行的辛苦及阻力，于是立即飞回团队，善用前面伙伴提供的"向上之风"。

大雁的团队精神不仅仅体现在队形上。当前导的大雁疲倦时，它会退到队伍的后方，而另一只雁会自动替代它的位置加以填补。当某只雁生病或受伤时，会有其他两只大雁飞出队伍跟在后面，协助并保护它，直到它康复，然后它们自己组成"V"字形，再开始飞行追赶团队。

如果我们的团队像雁群一样，向着共同的目标前进，彼此相互依存，分享团队的力量，无论是在困境还是顺境时都能彼此维护、互相依赖，那么再艰辛的路程也不惧怕遥远，团队中的每一个人还是能和大家一起到达目的地。

毫无疑问，每个团队中都会有一些相对出色的个人，他们拥有过人的天赋和才能，在自己的领域达到了别人难以企及的高度。在一般人眼中，他们也许是"完美"的，然而再完美的个人也会有欠缺的地方。"尺有所短，寸有所长"，世界上从来就没有全能的个人。只有每个人都能发挥自己所长、避开自己所短，集大家的力量于一起，才有完美的团队出现。不懂得合作的人，无论他的个人能力有多强，也不可能成功。如果恃才而骄，不懂得合作，就会被踢出团队。

有一位公司老总曾经举过这样一个例子：在他的公司里有一个员工，不但拥有高学历，而且在工作上也做出了很多成绩。按照他的才能，早就应该晋升到更高的职位了。可是，事实却并非如此，那些工作能力比他差的人都得到了晋升，而他却一直停留在原位。

原来，这位员工做事喜欢独来独往，不能和同事很融洽地相处。当同事需要协助时，他不是拒绝就是敷衍，而他也很少向其他同事求助，宁可事事亲力亲为。

遗憾的是，这位员工并没有意识到自己的问题，反而认为自己的才华没有得到老板的足够重视。终于有一天，老板从大局出发，决定辞退他。他不解地问："老板，如果我离开公司，你难道一点都不会心痛吗？"

老总回答说："我当然会心痛，因为我将失去你这样一个有能力的人，但是如果你伤害到了我的团队，那么我一定会让你离开。"

这位员工之所以没有得到重用，不是因为他没有能力，而是因为他不懂得放低自己，让自己成为团队的一部分。现在的团队中越来越重视集体的力量，当领导者觉得某个人会影响到整个团队时，即使他的个人能力再突出，也只好忍痛割爱。

在当今时代，"个人英雄"早已成为了传说，一个人的能力再强大也无法与一个成熟的团队相比较。也许你在工作中永远不可能成为一个完美的员工，但是你却能通过自己的努力，让自己的团队向着一个"完美"的团队迈进，并在团队的不断进步中最终让自己呈现出"完美"的状态。

信任他人是合作的基础

当下的生活环境，错综复杂的各种利益关系会让人与人之间产生很多隔阂，信任缺失也达到了空前的程度。

然而，人与人之间的相处都是以信任为基石的，如果互相之间缺少信任，那么任何人都不可能拥有良好的合作关系。信任别人在任何时候，都是利大于弊的。

在古时候，有一个名叫阿旺的年轻人触犯了王法。

阿旺是个孝子，在临死之前，他希望能与远在家乡的母亲见最后一面，以表达他对母亲的歉意，因为他不能为母亲养老送终了。他的这一要求被告知了国王。

国王被他的孝心所感动，决定让阿旺回家与母亲见最后一面，但条件是阿旺必须要找到一个人来替他坐牢，否则他的这一愿望就会落空。这是一个看似简单其实近乎不可能实现的条件。有谁肯冒着被杀头的危险替别人坐牢，这岂不是自寻死路？但，茫茫人海，就有人不怕死，而且真的愿意替别人坐牢，他就是阿旺的朋友阿冲。

阿冲被关进牢房以后，阿旺回家与母亲诀别。人们都静静地看着事态的发展。日子如水般流过，阿旺一去也便未回头。眼看着刑期在即，阿旺也没有回来的迹象。人们一时间议论纷纷，都说阿冲上了阿旺的当。

行刑那天是个雨天，当阿冲被押赴刑场之时，围观的人都在笑他愚蠢。但刑车上的阿冲不但面无惧色，反而有一种慷慨赴死的豪情。

追魂炮被点燃了，绞索也已经套在阿冲的脖子上。有胆小的人吓得紧闭了双眼，他们为阿冲深深地惋惜，并痛恨那个不讲信用的小人阿旺。

但就在这千钧一发之际，阿旺在风雨中飞奔而来，他高喊着："我回来了！我回来了！"

这是人世间最感人的一幕。大多数人都以为自己是在梦中，但事实不容怀疑。这个消息宛如长了翅膀，很快便传到了国王的耳中。国王闻听此言，也以为这是痴人说梦。

国王亲自赶到刑场，他要亲眼看一看自己优秀的子民。最终，国王万分喜悦地为阿冲松了绑，并亲口赦免了阿旺的罪。

正是因为彼此的信任，才让这两个人最终都得到了最好的结果。其实，信任就是在对方可能背叛自己的时候，相信对方不会背叛自己。这种信任不是来源于虚无缥缈的信任感，而是源于人类的理性思维。信任是在人类合作的过程中逐渐诞生的。比起其他动物来，人类有高度的信任和合作品格。

动物们是短视的，当它们发现背叛对方能获得巨大利益时，没有什么能够阻止它们做出互相背叛的行为。而人类的理性能帮助人类自我控制，将眼光放在未来的长远利益上，甚至设计出各种制度来防止背叛者获利，鼓励合作者之间的合作。

现如今社会生产的专业分工大大提高了物品和知识的生产效率，这也需要信任作为基础。没有信任，你怎么能相信别人卖给你的面包能不能吃，别人给你做的衣服能不能穿，别人给你盖的房子能不能住呢？而信任不仅仅是人类在物竞天择中胜过其他物种的武器，也是在人类内部竞争中，一个群体强于另一个群体的法宝。在一个彼此信任的社会共同体中，彼此猜忌造成的成本会降到最低。信任可以让每一个人专注于把蛋糕做大，而不是费尽心机防止别人多分蛋糕。

因此，如果你希望自己能够依靠团队合作在工作上达到更高的目标，那么首先就必须学会去信任你的团队伙伴。建立这样信任关系首先要多给他人机会去展示他们的特点，只有眼睛看到了、心灵体会到了才能生出信任的种子。

其次，你需要在良好的环境中培育信任的种子。在团队中，你应该尽量减少自己的私欲，多为他人去做些实事，博得众人的称赞，进而在这些认同和称赞声中让自己逐渐开始产生对这些"认同者"的信任。古时候的许多圣人之所以能让大众接受，并且能够信任身边的每一个人，就是因为圣人说的一字一句都有理有据，让人信服。

信任就好像是团队合作的基石，你在团队中与人合作的任何行为无不建立在信任的基础之上。只有学会信任他人，你才能够拥有真正的合作伙伴，才能够得到来自他人的帮助，才能够摆脱独自为战的现状。给他人一点信任，你可能付出的代价远比你能收获到的要少得多。

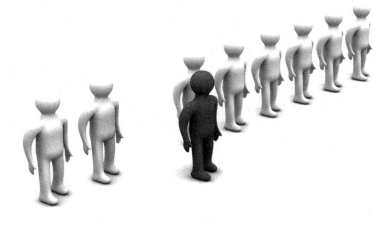

第二章

选好合作伙伴，像爱护婚姻一样对待合作者

从多方考虑到对方的感受和利益

我们与合作者之间所产生的矛盾大多是由于太过执拗于自己的想法而没有考虑到对方的感受和利益，而换位思考对于解决这类矛盾非常有利。它能够更加科学、更加迅速有效地找出问题的所在，并将其解决。

戴尔·卡耐基每个季度都要在纽约的一家大旅馆租用大礼堂，用 20 个晚上来讲授社交训练课程。但是有一个季度，跟他合作了很多次的场地负责人竟然提出要他付比原来多 3 倍的租金，而这个时候，入场券已经发出去了，开课的事宜都已办妥。

两天后，卡耐基去找了负责人，他首先对对方提高租金的做法表示理解，然后帮助对方分析了这样做的利弊，他说："有利的一面是，大礼堂不出租给讲课的而是出租给举办舞会的，那你可以获大利。因为举行这类活动的时间不长，他们能一次性付出很高的租金。而租给我，显然你吃了大亏。不利的一面是，首先，你增加我的租金，却降低了收入，因为我付不起你所要的租金，只能另找地方。还有一个对你不利的事实，这个训练班将吸引成千上万有文化、受过教育的中上层管理人员到你的旅馆来听课，对你来说，这其实起到了不花钱的活广告作用。请仔细考虑后再答复我。"最后，场地负责人做出了让步。

在卡耐基获得成功的过程中，没有谈到一句关于他要什么的话，他是站在对方的角度上想问题的。可以设想，如果卡耐基气势汹汹地跑进场地负责人的办公室，提高嗓门和他大吵大闹会有怎样的结局呢？即使他能够在道理上压倒对方，场地负责人出于自尊也很难做出让步。

设身处地替别人着想，了解别人的态度和观点，比一味地为自己的观点和主张争辩要高明得多，不管是对待生意伙伴还是创业合作人的时候都应如此。

换位思考即从合作者的角度去考虑他们需要什么，这是一种逆向思维方式，它与我们传统的与合作者打交道的不同点在于，通过这样的思考，经营者能够更好地理解自己与合作者之间的主要矛盾。

正所谓"不识庐山真面目，只缘身在此山中"，有些人固执地认为自己的方式就是最好的，排斥其他途径与方法，更不愿听取他人的建议，结果很容易走入死角而导致失败。这种情况表现在与合作者的交往中，就会使双方的交流停滞、产生摩擦，甚至会产生不可调和的矛盾。

相反，善于换位思考的人常常能从合作者的角度去审视自己的方法，从多个角度综合考虑问题，结果往往能找到更为广阔的天地。所以，换位思考不仅能够有效避免"走进死胡同"，还有助于我们从众多方法中选择科学高效的捷径，将问题处理得更加圆满。

合作最忌相互猜疑

合作者之间本应彼此信任，但很多人在利益面前变得疑窦丛生，对自己的合作者百般猜忌，结果导致合伙生意失败，甚至合作者之间反目成仇，连朋友也做不成了。

万岚彬和仇雨生以前的关系很好，两人总是以兄弟相称。2005 年秋天，两兄弟合伙做起了生意。刚开始时生意很好，可后来两人在买卖上意见不统一，起了纷争，生意也受到了影响。万岚彬怀疑仇雨生把进货的钱私自扣下来了，而仇雨生则怀疑万岚彬私自卖货，兄弟俩因彼此相互猜疑而在心中结下了疙瘩。后来，两人因一时的言语冲突吵了几句，使矛盾更加激化，两人的关系也越来越僵，本来就不景气的生意也随之解体了。

聪明的商人最懂得彼此信任的重要性，更能够想尽办法去赢得别人的信任。在他们眼中，看不见、摸不着的信任恰恰是资金的一个良好来源。

参茸的原产地是东北，但经商的人都知道，全国的参茸市场却在浙江，这到底是怎么回事呢？东北与浙江可是相隔千里之遥！更让人吃惊的是，同一等级的人参，东北原产地的价格约 2000 元/公斤，而在浙江却只卖 1900 元/公斤！

明眼人一看就明白，这是赔本的买卖，但精明的浙江人怎么会做赔本的买卖呢？这实在是令人费解。但事实上，这正是浙江人的精明之所在。

浙江人在跟东北人做参茸生意时会尽量取得对方的信任，他们在第一次向东北人订货时，开口就要 10 吨，一手交钱、一手交货。这往往让东北商人觉得浙江人非常值得信任，而正是利用了这点信任，浙江人打起了赊销的主意。

几次生意下来，浙江人就利用东北人对自己的信任，先付 20%～30% 的定金，卖掉货后再交钱。在每次生意中，浙江人总是会按照原先说好的价钱支付，绝不拖欠，这让东北人感觉非常踏实。到最后，浙江人要货时就可以不用交定金，等来年卖完货后再付款了。

聪明的浙江人就是利用东北人的信任来获得参茸，而参茸在浙江人眼里已经不仅仅是参茸了，它们更是可以利用的资金。浙江人拿到大量的参茸后，迅速地在市场上进行销售，有时候甚至会低于进价销售，这在外人眼里是不可思议的。而在浙江人眼里，参茸变现后的资金在一年中可以周转好几次，做好几回生意。到年终结算时，尽管参茸生意赔本了，但其他买卖却赚了不少钱，总的来算，利润还是很可观的。

在市场上，信任就是金钱。如果合作者信任你，你就可以先获得他人的产品然后再付钱，这可比在银行贷款方便多了。

合伙生意等同于组织战，合作者之间必须要团结一致才能产生力量。换言之，几个人在互信的基础上密切地团结在一起才能凝聚成一股强大的力量。否则，彼此的力量不但会相互抵消，还会产生反效果，形成四分五裂的局面。

俗语说："疑心生暗鬼。"有些合作者的信心不够坚定，或是在外面听了别人的闲言闲语，或是在公司里听到员工的议论，便私下里动了疑心，认为合作者对他不够忠诚。只要疑心一动，就等于给你们的合伙事业亮起了红灯。

在合伙企业中，合作人要做到诚信无疑、相互信任，起码要做到以下几点。

第一，不可主观乱猜疑。既然大家走到了一起，就应当精诚团结、同心同德，为合伙企业的发展而奋斗。合作者之间要以诚相待，切忌对张三怀有戒意、对李四放心不下，满腹狐疑，最后闹得互相猜疑、分崩离析。

第二，不要听信流言。有时合作者之间本来是相互信任的，但听了亲戚朋友、企业员工或其他人的议论，便对合作人产生了怀疑，影响了合作人之间的团结。

试想，不去调查事情的真相，只抱着猜忌的态度去做事，合伙企业怎么能搞得好？因此，合作者不要轻信别人的流言，要认真调查，多问几个为什么，时刻保持清醒的头脑。

像对待爱人一样对待合作者

创业之初，想要促成一次商业合作是要经历很多困难的，仅仅是处理与合作者的关系就足以让你筋疲力尽了。但越是这样，我们越要拿出更多的诚意来，就像对待婚姻中的另一半那样来对待合作者。

面对想要结婚的伴侣，我们总会表现得特别耐心、特别忠诚，用尽一切办法把自己的优势展现在对方面前，希望最终可以一起走进婚姻的殿堂。但也许你并不知道，理想的商业伙伴，其可遇不可求的程度更胜于婚姻的伴侣，所以在促成合作的时候，要拿出追求婚姻伴侣的精神和毅力来，做到诚恳、耐心，每个细节都精益求精，直到成功合作为止。像对待婚姻伴侣那样对待自己的商业合作者，通过数十年的企业经营实践，李嘉诚对此笃信不疑。

当年，李嘉诚旗下公司的塑胶花牢牢占领了欧洲市场，营业额及利润成倍增长，到1958年，李嘉诚的公司营业额已达千万港元，纯利超过了百万港元，李嘉诚也因此赢得了"塑胶花大王"的称号。为了发展自己的塑胶事业，他的下一个目标就是让塑胶花产品进军美国和加拿大等发达资本主义国家，进一步扩大国际市场。

在此之前，李嘉诚陆续承接过香港洋行销往北美的塑胶花订单，但这根本就成不了什么气候。为了能在幅员辽阔、人口众多、消费水平极高、占世界消费总额1/4的美国找到合作伙伴，李嘉诚像琢磨爱人的心思那样研究美国市场，最终设计印制出了精美的产品广告画册，通过港府有关机构和民间商会联系上了北美各贸易公司。

在这样积极的"追求"下，果然很快就有人愿意"下嫁"。北美一家大贸易商S公司收到了李嘉诚寄去的画册后，对长江公司的塑胶花彩照样品及报价颇为满意，决定派购货部经理前往香港，以便"选择样品，考察工厂，洽谈入货"。

这家公司是北美最大的生活用品贸易公司，销售网遍布美国和加拿大。机会千载难逢，但还不敢说机会非自己一家莫属。对方的意思已很明显，他们将会考察香港的整个塑胶行业，或从中选一家作为合作伙伴，或同时与几家合作。但李嘉诚在收到来函后还是继续拿出对待婚姻的热情，立即通过人工转接的越洋电话与美方取得联系，表示"欢迎贵公司派员来香港"。交谈中，对方简单询问了香港塑胶业其他厂家的情况，李嘉诚提出，若有时间，愿意陪同他们的人走访其他厂家。

这是一次比选择婚姻伴侣更为严格的选拔，比信誉、比质量、比规模，只有斗智斗力，方能确定鹿死谁手。李嘉诚知道，要想使合作人青睐自己，一定要提高自身的水平，使彼此相匹配。于是，李嘉诚召开公司高层会议，宣布了一项令人惊愕而振奋的计划：必须要在一周之内将塑胶花生产规模扩大到令外商满意的程度。

想在一周之内形成新规模的难度相当大，一旦某个环节出了问题，就有可能使整个计划前功尽弃，但李嘉诚还是在一周内完成了。

就在外国公司的购货部经理到达的那天，设备刚刚调试完毕，李嘉诚把全员上岗生产的事交给了副手负责，自己则亲自驾车去启德机场接客人。见到外商时，李嘉诚问："是先住下休息，还是先去参观工厂？"外商不假思索地答道："当然是先参观工厂。"在前往工厂的途中，李嘉诚心中忐忑不安，生怕会出什么问题。而当汽车驶进工业大厦，听到熟悉的机器声响，闻到塑胶的气味，他的心才踏实下来。

外商在李嘉诚的带领下参观了全部生产过程和样品陈列室，感到非常满意。最终，李嘉诚赢得了这次难得的合作机会。

从此，这家北美公司便成了长江工业公司的大客户，每年来的订单都数以百万美元计。通过这家公司，李嘉诚获得了加拿大帝国商业银行的信任，日后与其发展为了合作伙伴关系，进而为自己进军海外市场架起了一座桥梁。

什么样的婚姻才是好的婚姻？肯定是"白头偕老""患难与共"。想要拥有一个较稳定的婚姻关系，夫妻双方就要做到相互信任，有共同的价值观，沟通良好，能够长期奉献、共享信息，有能力解决冲突、消除误会。

合作伙伴关系与婚姻有着很多相同之处。两者都要求有很恰当的核心理念，要为对方带来利益，这远远超过单独一方可能带来的好处。

当两个人结婚后，结果是"1+1=3"：他、她和他们。"他们"开始了新生活，而他和她依然保留着自己独特的个性，无论是对婚姻还是合作伙伴关系来说，这都是一个成功的模式。在这种合作关系中，两个不同的组织同处于密切的联合之中。特别是当这种联合对双方都有利时，每一方都会寻找到共存共荣的方法。而你所选择的伙伴或伙伴们也必须接受这种观念，否则这种合作关系从一开始就注定会失败，更不用说两者能共存共荣了。

当你选择合作伙伴时，下列 10 点关键品质是你必须展示给对方的，应并看看对方是否也有这些品质。

（1）渴望获得成功

最好选择一个成功者作为你的合作伙伴。你的合作伙伴必须渴望获得成功，想做得更好，必须对建立伙伴关系有所帮助。

（2）要明白合作双方归根结底是为自己的成功而努力的

人们或组织之所以愿意结成合作伙伴关系，是因为他们理解合作的价值，明白这是一个好方法。合作的双方需要知道合作是什么、不是什么。你们的责任和义务体现在各个方面，不要总以为你的合作伙伴要为你的最佳利益考虑。你和你的伙伴都是"人"，所以，你们都容易动摇，而并非总是会按照对方的最佳利益行事。

（3）做一个积极的倾听者

要真正地与伙伴心心相通，积极地倾听是一个很重要的技巧，这有助于你了解自己必须去做什么、什么时候你的伙伴没有及时履行对你的义务等。双方都应保持警觉，才能达到双赢的目的。

（4）理解和关注是什么在促进伙伴的业务发展

想要维持良好的合作关系，你就必须不断地为此做出贡献，就像你必须要在银行中有存款才能要求提款一样，伙伴关系也是如此。你为伙伴增加价值的唯一途径，是要清楚你的伙伴认为什么是有价值的。否则，你即使做出了努力，使用了资源，花费了金钱，但也不会创造出伙伴认为的价值。

（5）接受并回应别人的反馈意见

只有当双方都愿意接受劝告时，你们的事业才可能向前发展，并从中受益。没有人能够通晓一切，如果真能做到精通所有，那就没有合作的必要了。这不是在吹毛求疵，我们真正需要的是双方开诚布公地交流。

（6）灵活变通

你要灵活机动，特别是当事情或环境并不像原来想象的那样发展时更应该如此。当前方的道路被冲毁时，如果你不能改变方向，那你很可能会掉进河里，无助地等待别人的救援。我们十分需要灵活办事的能力，因为事情不会完全按照我们所预想的那样发展。

（7）你必须让人信赖，行事正直，尊重每一个人

在确定合作伙伴之前，一定要看看对方是否具有这些品质。

（8）寻找双赢的战略安排和解决之道

伙伴关系并非是一种零和关系，相反，伙伴关系会通过协作来发挥协力优势。为了联盟的利益，你的公司必须要成功，同样地，你的伙伴也必须成功。双赢是我们继续维持伙伴关系的动力，这种关系维持得越久，合作的利益就越明显。

（9）要清楚合作是一种相互依赖的关系

合作不是完全的依赖或完全的独立。你们的利益圈子相互重叠，重叠部分是对你们双方都有价值的部分，重叠得越大，价值也就越大。重叠部分也是你们相互依赖的部分。携手并进、相互促进正是建立合作伙伴关系的最大收益之一。

（10）做好融合工作

如果别的事情都很到位，但大家在一起却没能很好地融合，那么合作也会受到限制。很自然，你会寻找一个你喜欢的人或组织来合作，并在工作中相互配合。

与合作者共同承担责任

在与人合伙创业的过程中，创业者不仅应该让合作者承担相应的责任，使他承受一定的压力，也应该让自己承担一份责任，双方职责分明、荣辱与共，这才是合作者之间共同创业、共同承担责任的全部含义。

这个道理很简单，任何一位合作者在面对创业的风险时都会产生强烈的追求"安全"的心理。这种心理具体表现在两个方面：其一，对自己，最好少承担甚至不承担责任，尤其是在面临没有多少"把握"的创业项目的时候，更希望其他合作者能让自己"不承担"明确的责任。当然，这是不可能的；其二，对创业的发起人、决策者，希望对方能替自己多分担一些责任，倘若能听到对方说"你就大胆干吧，出了问题我负责"，那就再好不过了。

显而易见，前一种心理要求含有很多消极因素，容易使自己滋生不思进取、畏缩不前的惰性；而后一种心理要求却是正当合理的，应当予以适当满足。

俗话说得好，"压力出水平"，共同合伙创业也是这样。合作者之间不可能仅仅享受相应的权和利，还应承担与其职权相称的责任。只有这样做，才能时刻感到有一种压力在驱使着自己勇往直前。而一定的压力能转化成一定的动力，又能转化成一定的效率和水平。

在这里，掌握好压力的"度"很重要。压力过大，会把合作者压垮，使其不敢面对创业的风险；压力过小，又起不到鞭策、鼓励的作用。唯有压力适度，责任与职权相称，合作才能出色、顺利地完成。

在让合作者承担相应责任的同时，自己也别"忘了"承担自己应负的一份责任。因为自己做出的决策并非万无一失、绝对正确，其中很可能包含着不正确的因素。加上在合伙创业的过程中，还会受到多种不确定因素的干扰和制约，谁也不能保证"行为轨迹"会完全沿着自己的"思维轨迹"前进，遇到暂时的挫折和失败很正常。

因此，创业要敢于为合作者撑腰壮胆，敢于在必要时替合作者分担责任，这不仅体现了一个创业者的道德品质和商业情操，而且直接关系到合作者之间能否建立起相互信赖、相互支持的融洽的合作关系，关系到整个管理机器能否正常运转。

倘若创业过程中一遇到损失，创业者便把合作者当成"替罪羊"抛了出去，而自己却不承担丝毫责任，那么，还有谁愿意同这样的人一起合作创业呢？

因此，与合作者共同承担责任，创业者必须注意以下五点：

第一，与合作者共同创业时，创业者不应故意回避自己应承担的一份责任，这是处理好合作者关系的大前提。

第二，创业者必须明确区分哪些是合作者应负的直接责任、哪些是自己应负的责任，绝不要含糊其辞、模棱两可，让合作者听了心里没底，或者感到"安全系数"太小，或者感到似乎有"空子"可钻。

第三，说话要留有余地，切忌凭空许诺、大包大揽。有的经营者喜欢拍着胸脯对合作人说："出了问题我负责！"这样做，表面上看似乎给了合作者一张"免死金牌"，但有头脑的合作者并不会相信你能够承担一切严重后果，过分的承诺反而容易使人产生怀疑。

第四，与合作者共同分担责任的目的，不仅是为了使合作者增添几分安全感，更重要的还在于培养和增强合作者之间的信任感，使每个合作者愿意承担自己应负的"直接责任"。

第五，创业者一旦向合作者做出分担责任的许诺，就应该遵守诺言，绝不反悔。当合作者果真遇到不应由他负责的挫折和失误时，创业者不仅应该马上"兑现"自己的承诺，还应该向合作者明确表示，愿意为下一个行动计划继续分担责任，以此来鼓励合作者进一步树立战胜困难的信心和勇气。

不把问题留到背后去解决

无论你是一个怎样的天才，无论你多么能干，一个人的能力总是有限的。优秀的管理者不会把每件事都包揽下来，而是巧妙地安排工作，让合作人来做。

但是，给合作伙伴进行分工也是要讲究技巧的，如果你把自己不能解决的问题推给合作者，却不能进行良好的沟通，那么合作者很可能会认为你是在难为他，把难办的事都交给他来做。所以，一定要做好面对面的沟通工作，不要让合作者之间的交流成为创业过程中的障碍。

为了让合作者能愉快地为你带来解决问题的办法，最佳策略就是增进面对面的交流，不要把问题留到背后去解决。

（1）减少沟通的层级

人与人之间最常用的沟通方法是交谈。交谈的优点是快速传递和快速反馈。在这种方式下，信息可以在最短的时间内被传递，并得到对方的回复。但是，当信息经过多人传送时，口头沟通的缺点就显现出来了。在此过程中，卷入的人越多，信息失真的可能性就越大。每个人都以自己的方式理解信息，当信息到达终点时，其内容往往与开始的时候大相径庭。

因此，应当尽量与合作者进行面对面的沟通，减少沟通的层级。越是不常见面的合作人，越是应该抛弃电话、书信，面对面地坐下来交流。

（2）重视合作者的意见

优秀的合作者善于将企业利益同自身利益统一在一起，他们不仅能够为企业利益着想，还会时常为企业的发展提出一些中肯的意见。这就涉及到一个创业者如何对待合作者意见的问题了。有的人对合作者的意见仅是听听而已，并不重视，这就犯了一个致命错误。

所以，在合作者向自己提出建议的时候，不妨认真听听。合作者能对企业提出意见和建议，说明他关心企业，把自己真正当成了企业的主人。如果身为企业管理者的你对他们的意见置若罔闻，就会挫伤合作者的积极性，对未来的合作和企业的发展都是毫无益处的。

（3）让合作者对沟通行为及时做出反馈

沟通的最大障碍在于合作者误解或者对创业者的意图理解得不准确。为了减少这种问题的发生，创业者可以让合作者对自己的意图做出反馈。比如，当你向合作者交代了一项任务之后，你可以接着向合作者询问："你明白我的意思了吗？"或者，你可以观察他们的眼神和其他体态举动，了解他们是否正在接收你的信息。

在合伙创业的过程中，合作者之间发生误会是很正常的事情。但如何巧妙地化解误会，就要看每个人的本领了。真正精明的商人懂得利用有效的沟通让误会烟消云散，因为在他们看来，有效的沟通不仅是解决误会的有效手段，更是促成合作的必要手段。

想要更好地解决合作者之间的误会，首先应当知道误会是怎样产生的。

首先，合作者之间的误会源于彼此掌握信息不均衡，导致沟通进行不畅。

企业的主导者总会比其他合作者掌握更多的企业宏观层面的信息，而在处理具体问题时，显然具体负责这项工作的合作者更有发言权。如何使二者之间得到平衡，是避免合作者之间产生误会的关键。

其次，每个合作者都有自己的个人想法及个人问题，不可能在合作中时时保持理智。在这种情况下，就需要彼此及时、有效地交流，比如多找合作者谈谈心，一定会比不问理由地埋怨更能解决误会。

最后，一个有效率的企业，合作者之间的关系是否融洽是非常重要的，虽不至于要求合作者之间的关系都如"哥们"一般，但至少不应该除了工作关系之外就毫不相干了。

合伙创业，除了要与形形色色的商家、客户打交道之外，与合作者的接触更是频繁而不可避免的。经常与合作者进行沟通，也让其他合作者之间进行沟通，是助你管理成功的有效手段。

那么，该如何主动与合作者进行有效的沟通呢？

（1）注意保持理性，避免情绪化行为

在与合作者交流的时候，不良的情绪会影响到我们对来自对方的信息的理解。情绪会使我们无法进行客观、理性的思维活动，而代之以情绪化的判断。所以，创业者在与合作者进行沟通时应当尽量保持理性和克制，如果情绪出现失控，则应当暂停进一步沟通，直至恢复平静。

（2）对不同的合作者使用不同的语言

一起合伙创业的人，往往有着不同的年龄、教育和文化背景，这可能使他们对相同的话产生不同的理解。另外，由于企业中的专业化分工不断深化，不同的企业合作者喜欢用不同的"行话"和技术用语，而如果你注意不到这种差别，以为自己说的话都能被其他人恰当地理解，那么合作者之间的沟通障碍就很容易形成了。

所以，基于语言可能会造成沟通障碍，我们应当对不同的合作者使用不同的语言，针对个人多说一些他易于理解的词汇，使合作者之间的信息传递更加清楚明确。

（3）放权给你的合作者

权力上的沟通是最困难的。为了避免在行使权力的时候发生不必要的误会，你应当尝试适当地下放权力给合作者。

选择合作伙伴的策略

俗话说，"一个篱笆三个桩，一个好汉三个帮"，这是中国人对于朋友、合作伙伴的诠释。而英国前首相丘吉尔曾经对合作伙伴有过另外的解释，大致意思是说"大英帝国没有永远的朋友或者敌人，如果敌人逃到地狱，我们愿意和魔鬼谈合作"。同样一个词，中西方却有着截然不同的解释，实在是有趣。

而在现实的市场上，这两种观点正越来越融为了一体，合作伙伴会因为客观市场、自身的发展等因素时时发生变化，今天的合作伙伴，是否会变成明日的竞争对手呢？

在 IT 行业（信息技术产业）内，这种案例比比皆是。戴尔（DELL）原来曾经是惠普（HP）打印机的主要分销商之一，当戴尔打印机的分销渠道越做越大、越做越顺时，它便不再满足于只做分销，而萌生了开拓自己品牌的念头。于是，两家公司由昨天亲密无间的合作伙伴转眼变成了今日打印机市场上兵戎相见的冤家对头。

在选择合作伙伴以前，你是否会先问自己以下几个问题：

你是否希望同合作伙伴达成长远的"双赢局面"？

你有什么可以吸引合作伙伴的，他们为什么愿意与你合作？

你的合作伙伴是否有不同的类型，你是否考虑过将自己的合作伙伴分成不同的类型，加以区别对待？

这些问题的答案将直接影响到你选择合作伙伴的思想和策略。

首先，在回答第一个问题以前，最好先想想丘吉尔先生的话。商场变化无常，如果你追寻的是长远的"双赢局面"，那你恐怕过于理想化了。毕竟，我们面对的是一个瞬息万变的市场，阶段性的"双赢局面"可以达成，但你的合作伙伴会一直仅仅满足于目前与你分享利益的比例吗？

其次，谈到你凭什么吸引合作伙伴时，多数人或许会脱口而出："我的市场策略吸引人""我的产品好销售""我给出的折扣率优惠"……没错儿，这可以吸引你的合作伙伴一时，但你的市场策略也好、折扣优惠也罢，每季度调整是很自然的事，如何用3个月的热情去维持你长达9个月以上的策略呢？不同层次的合作伙伴，由于他们的需求不同，企业所显现出的核心价值也是有所区别的，这同第三个问题又是休戚相关的。

斯迪凯思公司的罗杰·乔奎特建议合作伙伴关系必须建立在相互依存的基础之上。

他说："对于伙伴关系，必须是相互依存的，我们的目标是双方都赞同的，我不能把我的目标强加给你，让你把它作为自己的目标。我们必须都认同将来要一起做的一些事情。我们每天的任务不应该相互排斥。"

"我们无论什么时候做决定，都必须考虑到对对方的影响。我们花了很长的时间才发展起这种关系，不应当轻易破坏它。这表明当你代理我的产品时，我始终相信你所做的和你所想的，不仅仅是在行政关系上信任你，也信任你提供的销售额，因为你代理的是我的产品而不是其他人的产品。"

"理解了这一点，我们的经销商将会卖出大约相当于他们总销售额的60%至80%的斯迪凯思产品。我们付出的大于我们得到的，那种我付出50%你付出50%并不是一种折中。你总是要努力为你们的伙伴关系做出更多的贡献，超过你从中得到的好处。"

"这里讨论的伙伴关系是一种双方面的伙伴关系。如果我的付出大于我的所得，你的付出也大于你的所得，那么没有人能从对方那里得到好处。这不是我们想要的，因为我们建立的是伙伴关系，所以双方都要有好处，就像我们的目标一样，不能互相排斥。"

"如果你想赚更多的钱，并且你代理我的产品卖出了你销售额的60%至80%，那么在明年初时我们会谈一谈，你说：'罗杰，根据我现在的利润，我不能再继续向前发展了，我已经做了努力并做了投资。'我认为你是想要我帮助你做一些事情。是的，我会去做，因为你帮助我提高了销售额。"

"于是，我们会坐下来分析一下事情是如何发展的。这不仅仅是我给你更多的钱以此让你握有更多美元的问题，也许我可以用其他方式帮助你。在特定情况下，也许我会帮助你降低成本，或是帮你提高自动化程度，让你的流水线更有效率地工作等等。因此，如果我们都同意一个共同的目标并就如何实现这个目标达成了一致，那就让我们一起努力吧。"

"这就是我们与经销商合作的方法，它不仅仅是我走进来要求你必须卖出更多的东西，我可能会进来跟你说：'嗨，你看看，在这个市场上，我们比去年多增加了5%的销售额，你是我们在这个市场上唯一的经销商，所以，如果我们不跟你合作，我们也不会同别的人合作。我们怎样做才能使销售额再增加5%？'然后，我们会与经销商一起坐下来谈谈，他或许会说：'我认为以后将会出现这样一些问题，还有一些是我们认为需要做的，你看我们是继续合作还是中止合作？'接下来，我们将这些意见整理出来，这些意见就成了下一年销售和营销计划的基础。"

企业合作伙伴的类型可以分为：

（1）中长期战略合作伙伴

这类合作伙伴和企业现时的业务为主要上下游关系，不太会出现同现在或将来的业务产生竞争可能性的合作单位。

（2）中长期销售合作伙伴

这类合作伙伴是企业目前最主要的销售渠道，但其今后的业务可能会向上游拓展，成为本企业潜在的竞争对手。

（3）短期销售合作伙伴

这类合作伙伴是企业目前的竞争对手，有一定成长性，但不稳定。

—————— 第三章 ——————

寻求合作共赢，让对手成为自己的帮手

对手有时也是自己的帮手

敌人的存在可以让我们看清自己，生活中缺少了对手，就好比在大海上航行失去了罗盘。

势均力敌的对手竞争，一次次的角逐、一次次的成败，都是走向成功的必经之路。因为有了对手，我知道了"以人为镜，可正衣冠"，学会了"取长补短"，明白了对手在自己前进过程中的巨大作用。

王丹和王燕都是研究生毕业。王燕比王丹早毕业两年，也比王丹早到农业局工作，她出身于书香门第，毕业的大学也比王丹的更有名气。王丹在农村长大，也许是自知起点不高，加上自幼勤奋好学，王丹工作起来比较认真负责，所以很快就得到了领导的赏识。3 年后，王丹被提拔为副处长，而王燕仍是一名普通职员。王燕很不服气，多次找领导提意见，但领导始终无动于衷。

随后，王燕总是和王丹对着干，还经常在领导面前说王丹的坏话，她总认为王丹和领导有什么私人关系。一年春节后，她问王丹某天下午是不是去给领导送礼了。王丹只是微笑着告诉她自己去看望了导师，但她似乎并不相信。

令人欣慰的是，王丹能从另一个角度看待自己与王燕的关系。她认为，正是因为在工作中有王燕这样一个时刻监督自己的人，她才会格外注意细节，才会在担任副处长不到两年的时间里被评上了副高级职称，随后被任命为处长。而在这段时间里，王燕仍然只是一名普通职员。两年之后，王燕才被评上副高的职称。

后来，王丹被调到了另一个局任职，王燕这才发现有王丹这样一个工作上的伙伴对自己是多么重要。她甚至对其他的同事说，王丹其实"很不错"，很希望能再和王丹做同事，还说王丹走了，她找不到对手了，工作起来很没劲。当然，王丹也很感谢王燕这个对手。是王燕的监督让王丹不敢放松，不断进步，取得了骄人的成绩。

我们应当对我们的对手心存感恩，为他带给我们的成长而感恩，不论是失败还是胜利。

当然，也有人会害怕对手。但害怕回避不了现实，不管你是无视对手、否认对手，还是侮辱对手、躲避对手，对手始终都存在。而且，越是轻视和躲避，对手成长得越快。

雅典奥运会跳水男子三米板冠军彭勃在赛后接受记者采访时说："我特别感谢两个人，一个是队友王克楠，一个是对手萨乌丁。如果今天没有王克楠到场给我鼓舞，我的金牌就不会拿得这么顺利。我之所以要感谢萨乌丁，是因为没想到他今天发挥得这么出色。他这么大的年龄还那样拼搏，这刺激了我更努力地去比赛。"

对手是压力，也是动力。对手给自己的压力越大，由此而激发出来的动力也就越强。对手之间，是一种对立，也是一种统一。双方相互排斥，又相互依存；相互压制，又相互刺激。尤其是在竞技场上，没有了对手，也就没有了活力。

一个人如果没有对手，就会甘于平庸；一个群体如果没有对手，就会因为在潜移默化中相互依赖而丧失活力和生机；一个行业如果没有对手，就会丧失进取的意志，因为安于现状而逐步走向衰亡。

许多不明白这个道理的人都会把对手视为心腹大患，恨不得马上除之而后快。而其实，能有一个强劲的对手是一种福分。他会让你有危机感，让你有竞争力，促使你不得不奋发图强，不得不革故鼎新。

以积极的心态面对挑战

人生，就是一个不断确立目标和实现目标的过程。在此过程中，每一步的前行都离不开与对手的对决。很多人认为，看一个人的身价，要看他的对手。好的对手可以让你找到自身的不足和差距，让你通过学习弥补自身的欠缺与不足，在不断的摔打和磨砺中完善自己。

姚明说："我们不会选择对手，我们只会见一个打一个、见一个拼一个，打出我们的士气，打出我们国人的精神，全力以赴打好每一场球。我们不选择对手，因为在你选择对手的同时，你已经是别人的对手了。我们不怕对手，因为只有在强大的对手面前才能激发出你的斗志，使你不断地超越自己。"

王新调到下属子公司担任了部门负责人，但不知为什么，主管并不欣赏他，总在暗处排挤他，一些他应该参加的活动总是会被"不小心"地遗漏掉。对此，他感到很恼火。在经过几次收效甚微的沟通之后，他改变了策略，调整好心态，努力完善自己。在主管给自己拉帮结伙的时候，他钻研业务、调研市场，寻找工作中需要完善的地方，充分掌握行业内的最新动态；主管带领一班人马去吃吃喝喝时，他就自己找一个更好的地方独自享受，以排解自己内心的孤寂。主管分配给他的工作，总是别人挑剩下的，他不生气；主管在他不知情的情况下带着他的下属出差，他不生气；主管在总结工作时故意弱化他的成绩，他不生气。他始终以积极的心态面对挑战，不断进取，不断超越自己。

一年以后，他向总裁提交了一份完善的工作改进计划，得到了总裁的赏识，总裁重用了他，他成为了新的主管。而那位不断给他找麻烦的原主管则因过分注重权术而疏于业务，被迫另谋高就。

后来，王新说，他刚到这家公司时只想着做好自己的分内事，但那位主管的举动刺激了他，激发了他想要做得更好的勇气，这才使他有了今天的成就。否则，他只会满足于部门负责人的工作。

当你在人生的旅途中披荆斩棘、艰难前行的时候，其实你并不孤独。同行的除了在你身边陪伴你、保护你的朋友之外，也有隐藏在暗处、时刻准备给你致命一击的对手。有时候，哪怕你的朋友全部离你而去，你的对手也依然会陪伴在你的身边，用他们的尖牙利爪提醒你：你不是一个人在奋斗。

所以，如果你手里没有一张"对手牌"，你就该主动给自己设立一个对手——也就是假想敌。记住，要把最强大的对手作为自己的假想敌，而不是草木皆兵，处处设立假想敌。

记住，假想敌的存在是为了让你不断学习，实现自我提升，而不是让你通过踩低别人来抬高自己，更不是叫你每天都担惊受怕。

了解竞争对手，才能与之合作

取得合作成功的重要一点就是要了解对手的核心竞争力。联盟要取得成功，一方的竞争优势就必须弥补另一方的弱点。以这种方式建立起来的伙伴关系能让你更好地提供产品和服务，让你的产品和服务包含更多的价值，从而超越其他竞争对手。

首先，研究每一个对手的核心竞争力是什么，然后衡量出核心竞争力的价值与独特之处。要将核心竞争力和只是做得很好的事情区分开来。"你做得很好的事情"可能只是一种活动，把它从公司的框架中抽出来不会对经营产生实质性影响。而相反，若是从公司机构中去除某一种活动会引起破坏性的后果，那这就是公司的核心竞争力了。

其次，如果竞争对手有联盟伙伴，那也要了解对手的伙伴的核心竞争力。了解企业所在行业中别人都在做些什么是很有意义的。

询问你的供应商是发现对方核心竞争力的一个方法，因为它们可能也是你的竞争对手的供应商。

通过各种形式调查竞争对手——实地察看竞争对手的营业地点，打电话向竞争对手咨询，或者答复竞争对手的宣传邮件。要一直问自己："为什么有些人会从他那里买东西呢？"

调查客户。看看他们喜欢竞争对手哪一点，然后分析竞争对手哪些方面做得不对、哪些方面做得对。

当你知道自己的竞争对手哪些方面做得很好，或者比你要好许多时，你就可以确定同哪些对手合作以获取新技巧、技术或能力，让自己变得更有竞争力了。

预测竞争对手的下一轮行动：

这是竞争对手分析中最难也最有用的一关。具体研究一家公司的战略意图，监测其在市场上的表现，确定其改善公司财务业绩所面临的压力，可以获取这家公司下一步行动的线索。一家公司继续实施当前战略的可能性取决于该公司当前的业绩表现，以及继续实施当前战略的前景。对这两项持满意态度的竞争对手很可能继续实施当前的战略，不过可能会做一些细微调整。屡遭挫败的竞争对手由于其业绩表现很差，所以他们会推出新的战略行动（不管是进攻性的还是防御性的）。积极进取的竞争对手有着雄心勃勃的战略意图，有着强大的实力，很可能会追求新兴的市场机会，充分利用和"盘剥"弱一点的竞争对手。

由于公司的管理者对公司的经营和运作一般是以其对自己行业的假设及对公司所处形势的看法作为基础的，所以要深刻地洞察竞争对手的管理者的战略思想。可以从他们对一些问题所发表的公开观点中获得信息，如行业的发展趋势、行业取得成功所必须采取的措施等；还可以从他们对公司形势所持的观点中获得信息；可以从各种他们现在的所作所为的"小道消息"中获得信息，以及从他们过去的行动和领导风格中获得信息。另一个需要考虑的问题是，一个竞争对手是否有做出重大战略变动的灵活度。

要做到成功预测竞争对手的下一步行动，管理者就必须对竞争对手有一个良好的感觉——对其管理者的思维方式有一个良好的感觉、对其当前的战略选择有一个良好的感觉。对信息的审查工作是很有必要的，也是一项费时的乏味差事，因为信息不仅来源很多，而且还很零碎。但是，对竞争对手进行仔细的侦察，从而预测出竞争对手的下一步行动，能够使公司的管理者组织有效的反应措施，并有助于确定可能成为合作伙伴的对手。

了解竞争对手的捷径：

（1）从互联网上了解对手

以下是一些在互联网上获取竞争对手商业情报的常用方式和渠道。

第一，新闻发布稿。

在竞争对手的网站上通常都有丰富的信息，首先值得一读的是其新闻发布稿。一般企业的新闻发布稿内容详尽、丰富，若能接触到原始材料，则有助于你从中收集"可操作性的情报"，从而得出可靠的结论来。当然，你也可以在公共新闻媒体上读到一些报道，但由于报道的篇幅有限，有些细节通常无法见诸报端。

第二，网上购物中心。

网上的消费者"购物中心"是了解对手产品技术规格、产品动态、价格优惠条件的好"场所"。

互联网上载有多数上市公司的大量资料，这是互联网最能发挥其作用的地方。利用搜索引擎或互联网购物中心，借助于企业的网站，你可以轻松获得有关企业的最新数据。

（2）在展览会上研究竞争对手

展览会的独特之处在于不仅外商会来找你，你的竞争对手也在过道的对面。这是搜集竞争对手第一手材料的绝好机会，要像侦探一样，花时间走遍展会的每个角落。

带个相机和记事本，尽可能多地收集信息调查竞争对手，对比自己的产品、销售人员、展品、宣传资料、顾客评价和展会前的营销策略及其在实施效果方面的差距。

当然，在展会上要想直接了解竞争对手的价格并不是那么容易，因为任何人对价格都非常敏感。但是，通过它们的客户（也可能是你自己的客户）来了解竞争对手的信息情报是非常有效的策略。如在广交会上，当你与外商讨价还价时，哪家公司报的价比你低得多，这正好给你提供了顺藤摸瓜的机会。

（3）利用其他方式搜集更多信息

在出口销售工作中，快、准、全的信息情报是争取商机或订单的最有力保证。当你报出任何一个价格时，都在有意或无意地利用自己积累的信息情报来做决策。但是，当今的国际贸易更要求你有意识、有组织地进行情报采集。

在实际业务工作中，可通过信息系统获得二手信息；还可通过与竞争对手、供应商和客户直接交谈，获取第一手情报；另外，通过人际网络，与出口销售人员、研究开发人员直接进行交流等也能采集到很有价值的情报。之后，再对得来的数据和信息进行分析。

在明确了谁是主要竞争者并分析了竞争者的优势、劣势和反应模式之后，企业就可以决定自己的对策了，进攻谁、回避谁、该与谁合作。

一是比自己强大的竞争对手。

比自己强大的竞争对手，有些可能是享有盛誉、地位稳固的行业领导者，如果将其定为进攻的目标，无异于以卵击石，还不如主动与其合作。站在巨人的肩上攀登高峰，可以避开其他比自己强大的对手的攻击，专心打造自己的竞争优势。青岛啤酒公司就是这样做的。

在选择战略伙伴时，青岛啤酒为什么钟情于 AB 公司？"我们把最大的竞争对手变成了最大的合作伙伴。"金志国这样诠释这一"妙招"。青岛啤酒（以下简称青啤）要想成为一家国际大公司，就必须放眼全球市场、进军国际市场。美国安海斯——布希公司（AB 公司）是青啤的最大竞争对手。是选择另起炉灶、建设自己的销售网络，还是与 AB 公司合作，利用它成熟的销售网络？青啤选择了"站在巨人的肩膀上"发展。青啤有自己的主张：建设自己的市场网络，无论是规模、实力还是经验都无法与跨国公司相比，与其与群狼共舞，不如借力打力。青啤把最大的竞争对手变成了最大的合作伙伴，以协助青啤进行市场的开拓。2003 年 4 月，青啤与 AB 公司签订了合作协议。根据协议，青啤向 AB 公司定向发行总值约 182 亿美元的可换股债券，在 7 年内，AB 公司将债券分三批转换为股权，其在青啤的股份将增至 27%。通过这一"战略联盟"，青啤不但拿到了急需的资金，同时也让 AB 公司的管理、技术、人才等无形资本随着有形资本流动过来，满足了青啤在超速发展过程中对管理、技术和人才等稀缺资源的需求。

二是与自己实力相当的竞争对手。有些企业主张进攻与自己实力相当的竞争对手，而实际上，这样做很可能会对自己造成不利的影响。

例如，美国博士伦眼镜公司在 20 世纪 70 年代末与其他生产隐形眼镜的公司的竞争中大获全胜，导致竞争者完全失败而竞相将企业卖给了竞争力更强的大公司，结果使博士伦公司面对更强大的竞争者时处境变得更加困难。

企业可以选择与自己能够优势互补的对手进行合作，共同开拓市场，共同进攻其他强大的竞争对手。

有一家小咨询公司，由于经济不景气，加之行业门槛低，导致僧多粥少，尽管公司的业务能力还可以，但却仍有些撑不下去了，公司老板成天愁眉苦脸。但仅过了一个月，这家公司的老板便变得志得意满起来。原来，该公司与另外两家同样陷于困境的小咨询公司合作，三家公司拧成了一股绳，在业务能力、客户资源和资金实力方面都大为增强，发展势头令人感到欣喜。

可见，合作是一条帮助企业转弱为强的行之有效的策略。但在联盟的过程中，必须要坚持互补和共赢的原则，否则便很可能选择一个错误的合作伙伴，或者在合作开始后半途而废。这些都可能给企业造成损害，有时可能还是致命的。

三是比自己弱小的竞争对手。强弱只是一个相对概念，弱小的竞争对手也许只是因为成立时间短、进入市场晚、资金不足等原因而暂时弱小，但它可能拥有技术、人才等优势，这些优势会让它发展得更强大。攻击弱小的对手虽然会比较轻松，但获利也小，对自身竞争优势的提高也未必有太大帮助。因此，企业应当选择那些在某些方面对本企业有帮助的小企业进行合作，这是增强本企业实力的有效途径。

尊重对手，就是尊重你自己

有位饲养员非常擅长与动物相处，无论它们多么凶猛，他总是有办法让它们服服帖帖、乖巧无比。人们很羡慕他的本领，又非常好奇他为什么能做到与猛兽和谐共处。一位记者来采访他，他的答案很简单："因为我发自内心地喜欢它们，所以它们也回报给了我同等的喜爱。"

"难道发自内心的喜爱就能换来与动物的友好相处吗?"记者不相信他的说法，"我很喜欢大型犬，但是一靠近它们，它们就会冲我汪汪大叫。"

这位饲养员笑道："你靠近它们的时候在想什么呢?"

记者想了想，回答说："我总是很担心它们会扑上来咬我。"

"这就对了，你根本就不相信自己能同它们友好相处，在接触它们的时候首先就产生了恐惧和提防的心理，做好了随时反击逃跑的准备。动物的感觉比人类更敏锐，一旦它们感受到你的恐惧和提防，自然就不会对你产生接纳之心，这样，你当然没法接近它们啊!"

听了饲养员的话，记者恍然大悟。

尊重对手就是尊重你自己，这样不但能够赢得对手的尊重与友谊，而且还能展示你的度量与胸怀。我们要明白一点，或许我们在认识、立场、价值取向上各有不同，或许我们对彼此的生活习惯、行为方式看不顺眼，甚至我们就是水火不容的敌人，但这并不妨碍我们看清楚对手身上的优点和长处，也不影响我们欣赏对手的品质与人格。

球王乔丹在公牛队的时候，有一个名叫皮蓬的新秀将他视为自己的劲敌，不但经常同他针锋相对，还时常对他冷嘲热讽，总说自己有实力超越乔丹，乔丹早晚要给自己让路之类的话。

面对皮蓬的敌意，乔丹并没有利用自己的影响力对他进行排挤打击，反而是宽容相待，经常在球技上提点他、鼓励他。

　　有一次，两人在练习场上相遇，乔丹主动问皮蓬："你觉得我们俩谁的三分球投得好？"皮蓬撇了撇嘴说："我知道是你投得好，怎么，你这是要对我炫耀吗？我早晚会超过你的。"

　　乔丹笑了："虽然我的三分球成功率是比你高一点，但我认为你投得比我好。"

　　皮蓬很吃惊地看着乔丹。乔丹解释说："我仔细观察过，你投球的动作流畅自然，总能把握最好的时机，这是我所不具备的天赋。最重要的是，我只习惯用右手投篮，而你左右手都没有问题，以后你一定能超过我。"

　　皮蓬被乔丹的直率和真诚所感动，以后再也不对他冷嘲热讽了。

　　俗话说"伸手不打笑脸人"，当你决定把对方看成朋友，当你用善意回应对方时，对方的敌意也会像冰雪那样在阳光下消融。请牢记，消灭敌人最好的办法就是让他成为你的朋友。

　　"如果你握紧两个拳头来找我，"威尔逊总统说，"对不起，我敢保证我的拳头会握得同你的一样紧。但如果你到我这儿来，说：'让我们坐下来一起商量，看看为什么我们彼此意见不同。'那么，不久之后我们就会发现，我们的分歧其实并不大，我们的看法同多异少。因此，只要我们有耐心相互沟通，我们就能相互理解。"

停止继续合作的三种人

只有与合作对象或合作者相处和睦，你们之间的合作关系才能长久。所谓"和气生财"，这对做生意的人来说是放之四海而皆准的一句话。

有一次，上海星宇鞋业国际贸易部接了一笔来自意大利客商的订单，双方谈好的产品单价为 17 美元，并签订了购货合同。

当这批货投产时，生产部门一核算成本才发现，由于皮料价格算得过低，这批货基本上没有利润，甚至还会有损失，除非在原价的基础上再加 2 美元才能避免损失。

该部门的负责人把情况汇报给了星宇鞋业总裁，同时向总裁请示，是否与外商洽谈加价？但总裁却坚决地表示，事后加价是经商的大忌，会让对方不高兴。少赚一点没关系，做生意最重要就是以和为贵，这样以后才好再合作。

意大利客商知道了这件事情后，很敬佩星宇鞋业的总裁，主动提出在原价的基础上再增加 1 美元。但总裁却婉言谢绝了，他表示多赚少赚并不重要，重要的是"和气生财"，双方合作愉快才是最重要的。

对于星宇鞋业的做法，意大利客商非常感动，他当即把原来 30 多万美元的订单追加到了 80 多万美元，并表示以后要同星宇鞋业建立长期合作关系。

与人合作，和气生财很重要，但也不能一味地纵容。面对一些本质上有问题的人就该当机立断，停止继续与之合作。如下面三种人，就绝不能姑息。

（1）眼高手低、耐心不足的人

很多受过良好教育、家庭环境又不错的人，他们没有受过生活的磨难，没有经受过创业的挫折，不懂得创业的艰辛，最容易成为眼高手低、耐心不足的人。

他们不甘心替别人打工，本身贪图享乐，不能从事艰苦复杂的创业工作，看到当老板很神气，出入有轿车，应酬时灯红酒绿、轻歌曼舞，再加上筹措一笔资金也不太困难，于是便有了自己当老板的念头。他们认为，只要有钱，做生意是最简单的事情；只要自己往靠背椅子上一坐，自有手下的人替自己效力卖命。

他们只看到了成功后的享受和荣耀，却看不见创业的艰辛，眼比天高，心比山大。在没有合伙之前，说起创业来豪言壮语、信誓旦旦，发誓要干出个名堂来；而一旦进入实质性的运作阶段，需要投入艰苦的劳动和长时间的努力时，就没有他往日所说的那种干劲了，或是得过且过、贪图享乐，或是工作没有主动性。

（2）好话说尽、食言自肥的人

一些人认为商场就是人骗人的地方，仗着自己有一点小聪明，自以为对商场的人情世故懂得比别人多，总想在与别人的合作中多捞一点、多占一点便宜，对合作者没有半点诚意。对于这类斤斤计较个人得失的人，绝不能与之合作。

这种人的一大"法宝"就是，凡是对他的利益有帮助的人，他不仅好话说尽，而且在必要的时候也愿意吃亏，以表示他的豪爽、耿直。可是，对于那些不能帮助他的人，他就会换一副面孔，其态度之傲慢、表情之难看、说话之难听叫人难以想象。总之，这类人把商场中的坏习气都学到了，如果再有一点表演天赋，喜怒哀乐，学什么像什么，即使是商场老手或社会经验丰富的人也会被他耍得团团转。

（3）刚愎自用、自以为是的人

在现在的商场竞争中，刚愎自用、自以为是的人有很多，只不过表现的形式有所不同而已。他们想问题总会以偏概全、以点代面、偏激、固执，与这种人合作实在不是好选择。

一些人自以为比别人聪明，分析力比别人强，听不进不同的意见，总觉得自己的观点与看法是最好的。对于别人的意见或建议，他总是轻易地给予否决，自己又提不出更好的方法来，这样的人当然不能与之合伙创业。

不回避竞争，更呼唤合作

现代社会不能回避竞争，但较之竞争，更呼唤合作。

某集团投资千万元招标信息化项目，该项目又囊括了一揽子小项目。对于 ABC 计算机公司来说，这是个千载难逢的好机会。

但要想完整中标该项目，需要 ABC 公司内的 3 个业务部门通力合作。出于调动各部门积极性、加强部门之间相互竞争等考虑，ABC 公司的管理层做出了决定：让每个部门单独对项目进行投标，无论哪个部门赢得合同，另外两个部门都会被当作分包商。

经过几十次讨论、修改标书、与客户沟通，其中一个部门终于赢得了项目合同。项目的顺利落地让管理层认为这种竞争是有益的。

但 4 个月后，结果却出乎他们意料。由于存在竞争关系，3 个部门之间拒绝沟通，不愿共享信息。为了保障本部门的利益，赢得合同的部门常常将少量的工作外包，没有充分利用其他两个部门的资源，造成项目成本相对较高，甚至出现了停工的情况。

这个例子充分说明了单纯竞争的劣势及合作的必要性。

传统的商业理念过于强调竞争，企业和相关企业之间只是交易和竞争的关系。企业采取的竞争性战略往往是在同一块蛋糕里争夺，这种你死我活的输赢之争不仅会使企业的外部竞争环境恶化，还会使企业错失许多良机。如有的企业竭尽所能甚至不切实际地在用户面前赞美自己产品的同时，又用尖刻的语言去攻击、诋毁竞争对手；有的企业在困难时期尚能良好合作，而一旦环境改善就过河拆桥、分道扬镳，只能"共苦"、不能"同甘"；有的片面采用价格战把市场秩序搞乱，以达到"我不行，你也别想出头"的目的。

在网络经济时代，全球一体化使竞争格局发生了根本性变化，企业之间的竞争已从追求厂房、设备等有形资产的竞争转向高科技、无形资产的竞争，从价格、质量竞争转向了信息、人才的竞争。面对技术变更加速和全球化经济竞争日益加剧的严峻挑战，仅靠企业自身的力量来长久地维持其竞争优势并非易事，顺应时代的发展，企业越来越需要为竞争而合作，靠合作来竞争。合作竞争的理念使拥有不同优势的企业在竞争的同时也十分注重彼此之间的合作，通过优势互补，共同创造一块更大的蛋糕，来实现"双赢"或"群赢"。但从竞争到合作，同样是优胜劣汰的过程，因为谁能在竞争中通过最佳方式获得最佳合作伙伴，从而最大限度地增强自己的竞争力，谁就能成为市场最后的胜利者。

羰基合成醋酸技术长期被英国 BP 公司所垄断，美国 UOP、日本千代田公司和国内的西南化工研究设计院在这一领域的研究各有千秋，经过多次交流考察，3 家竞争对手于 1998 年终于签下了共同开发羰基合成醋酸的合作协议，3 个国家的科研人员仅用 1 年多时间就取得了突破性进展，为实现工业化打下了基础。

竞争与合作是相辅相成、相互平等、互为补益的关系，但由于现今社会竞争现象的普遍出现，对于合作方面很多人都不太重视。在现今社会中，很多人认为竞争就是你死我活，竞争的双方就不能有合作的机会，他们似乎注定是为利益而对立的"冤家"对头。而其实，如果要在竞争与合作之间加以选择，选择合作的人才是聪明人。

"商场上没有永远的朋友，也没有永远的敌人。"这句蕴含哲理的名言揭示了竞争与合作的辩证关系，竞争者相互之间并不排斥合作。美国商界有句名言："如果你不能战胜对手，就加入到他们中间去。"现代竞争，已不再是"你死我活"，而是更高层次的竞争与合作。现代企业追求的不再是"单赢"，而是"双赢"和"多赢"。

帮助对手也是一种智慧

曾有媒体报道称，美国 FBI（美国联邦调查局）得到消息，美国可口可乐总公司内部员工偷取可口可乐饮品的样本及机密文件，企图出售给百事可乐。

消息一经公布，便迅速在全世界引发了震动。大家都知道，可口可乐和百事可乐是饮料业中一对水火不容的竞争对手。试想，如果百事可乐拿到了可口可乐的配方，那意味着可口可乐将有可能被迅速击垮。然而，就在人们为可口可乐庆幸，不断追问是谁提供了情报时，可口可乐高层却表示，向公司和有关当局提供情报的其实是百事可乐。这下，人们迷惑了，谁都不明白百事可乐为什么不利用这个机会扭转在竞争中处于劣势的境况，而非要帮助可口可乐呢？

对此，百事可乐公共关系高级副总裁多林表示："我们只是做了任何负责任的公司都应当做的事。竞争是激烈的，但必须保持公平与合法，我们帮助可口可乐就是为了不让它消失在我们的视线里，它是我们前进的动力！"

只有内心真正强大的人，才会追求公平、公正，才会既看重结果，也享受过程。

有一个女孩叫陈娜，2009 年从南开大学毕业后，被哈佛大学教育学院以全额奖学金录取。2013 年 4 月，陈娜参加了哈佛大学研究生院学生会主席的竞选活动。美国有 7 位总统毕业于哈佛，其中又有 3 位总统担任过学生会主席，这一职务向来有"哈佛总统"的美誉。竞选由各个研究生院推选 47 名代表参加，环节众多。陈娜以其成熟和干练的作风顺利进入了前 4 名，她的对手是 3 名美国博士生——斯诺、凯瑞和乔吉。

乔吉位列第四，很多人以为他将退出选举，可没想到，他却突然来了个"撒手锏"。5 月 3 日，乔吉召开新闻发布会，对前 3 名候选人进行了猛烈攻击。他曝光了 3 名竞争对手的个人隐私，而对陈娜的攻击是：她在 2012 年夏天以救助一名南非孤儿为名侵吞了大量捐款，而那名南非孤儿现在仍然流落在纽约街头。

乔吉发布的新闻使哈佛上下都很震惊，研究生院的很多激进组织马上召开集会，要求立即取消3名候选人的资格，陈娜也因此受到了很多选民的质疑。不过幸运的是，谣言很快就烟消云散了，因为陈娜资助的南非孤儿出面澄清了此事。乔吉被证实有说谎的嫌疑，胜利的天平又倾向了陈娜。

而斯诺和凯瑞为了报复乔吉先前的"毁灭性打击"，也曝光了乔吉在一家中国超市被警察询问的录像，并怀疑他有偷窃行为。一时间，乔吉百口难辩，这似乎又对陈娜有利。

在竞选的最后关头，4名竞选者一起召开了新闻发布会。斯诺、凯瑞和乔吉都显得有些沮丧，只有陈娜依旧带着端庄的微笑。她走上台说："同学们，我今天想先告诉大家一件事情，就是关于乔吉在超市'行窃'的事。"

她的话让所有人都屏住了呼吸，乔吉更是因为惶恐而攥紧了拳头。陈娜继续说道："我去中国超市问清了整个事情的经过，事实上，乔吉并不是因为行窃而被警察询问，而是帮助老板抓到了小偷。"

霎时，发布会现场一片哗然。乔吉惊讶地抬头看了看陈娜，微张着嘴，想说什么，却欲言又止。斯诺和凯瑞则有些沮丧，他们实在不明白陈娜为什么要帮助对手澄清丑闻。难道她不明白，一旦他重获清白，就会成为陈娜最大的对手？

是呀，谁愿意去帮助自己的对手呢？

陈娜的澄清让竞选形势再一次发生了变化。陈娜的助理埋怨陈娜帮了对手一个大忙，而陈娜只是淡淡地笑了笑，说："我只是希望这次竞争能够公平一些，这样赢得的胜利才有意义。"

在投票前15分钟，乔吉宣布了自己退出的决定，并且号召自己的支持者把票投给陈娜。他说，他无法像陈娜那样真诚与宽容，他已经输掉了竞选。如果陈娜能够竞选成功，自己愿意做她的助理，全力协助她在学生会的工作。2013年6月8日，陈娜力挫群雄，以62.7%的支持率当上了哈佛学生会主席。这是哈佛300多年历史上第一位中国籍学生担任此职。

帮助对手也是一种智慧。在竞争中，不论是强者还是弱者，都要记住，一定不要让对手离开你的视线，即使是伸出援手也要确保这一点。只有在若即若离中，你才会有危机感和紧迫感，从而激发出你的斗志。

合伙赚钱，谋取双赢

一个人赚钱而让其他人赚不到钱甚至赔钱，这种心态是要不得的。试想，利益本来是大家的，现在却由你一个人独享，天下人怎么会不眼红、不怀恨在心呢？当然，已经激起民愤的你，也不可能一路畅通地发展下去。

所以说，避免"单赢"策略引起同行业者的愤恨，才是持续发展的硬道理。如果一个人只对自己的事业感兴趣而没有合作意识，把同行对手全都当作敌人来对待，势必会引起别人的怨恨，他的利益必然也不会长久。

香港漫画家黄玉郎曾经红极一时，但他对竞争对手残酷无情，对身边的助手和员工也不友好，以至于在他炒股失手时，竞争对手和周围的人纷纷趁机出手打压。最后，公司破产，别墅和轿车等被政府没收，人也被关进了监狱。同行都说，这是他过分注重自身利益而不顾他人的结果。

老话讲"同行是冤家"，也许这话有一定的道理，但这绝不是现代商人所认同的观点。想要长期发展，就不能树敌，更不能与人结怨。而避免竞争对手对自己产生愤恨情绪的最好方法，就是变"单赢"为"双赢"，在竞争中求合作，共创互惠互利的和谐局面。

同行未必是冤家，我们要换个角度来看待竞争对手。面对同一领域的竞争对手，很多商人常常会怒目而视、相互排挤，非要争个你死我活才肯罢休。而其实，在同行业之间，双赢更能够催人奋进。

聪明的商人总是乐于化敌为友，因为他们知道一个人的力量是有限的，如果能够与同行业的竞争对手合作，则能弥补各自的不足，借对手之力，达到双赢的局面。

红顶商人胡雪岩就非常注重同行间的合作，他曾说过："同行不妒，万事都成。"在他做丝业生意的时候，同行业有几家已经相当有规模了，而胡雪岩却没有倾轧对方，而是设法联络他们。

湖州南海丝业的庞云缯在行业内相当有威望，生意也做得很大。胡雪岩为了将自己的丝业做得更大，便寻求对生丝颇为内行的庞云缯的合作。在庞云缯的大力帮助下，胡雪岩在丝业市场上渐成气候，并在华商中把持着蚕丝的国际业务。

当然，与对手的合作是以利益互惠为基础的，胡雪岩做丝业生意得到了庞云缯的帮助，反过来，他也向庞云缯传授了经营药业的经验。后来，庞氏在南海开设了镇上最大的药店——庞滋德国药店，与设在杭州的胡庆余堂关系密切。

胡雪岩的每行生意都有着极好的合作伙伴，而他的每一个合作伙伴都对他有着很高评价。所以，依靠对手、联合对手的力量非但不会影响到自身的经济效益，更有利于以对方为靠山，发展和壮大自己的力量，保证自己的事业稳步前进。

在某一个时期，市场总份额是固定不变的。在一个行业内，同行之间由于经营内容相同，所以要分享同一市场。而对同一市场的分享，也就是利益的分享，使同行间的竞争成了必然的和不可避免的事情。于是，为了各自的利益，同行间互相嫉妒、引发愤恨，以至于相互倾轧，"单赢"成了同行间的常态。在竞争中，或者一方取胜，另一方被迫俯首称臣；或者两败俱伤，第三者得利。这样的情况似乎是我们大家都认可的市场规律。

但这样的局面绝对不是最好的。其实除此之外，还有既不触动对方利益又能自己得利的第三条路可走。胡雪岩正是走了第三条路，他时时顾及同行的利益，既为别人留余地，也给自己开财路，保持了稳定的经营，达到了双赢的局面。

历史给了我们一个很好的经验：善于联合对手制造双赢的人，总能打开别人难以打开的局面。我们不能否认同行之间存在利益上的竞争，但除此之外还有合作的可能。

有人说，如今是一个合作型的社会，各取所需的合作模式可以表现在工作和生活的方方面面，同样也表现在企业的经营管理中，而且双赢应当是经营者始终要牢记的最高准则和追求的目标。

在合作求双赢的过程中，一定要记住一个原则，那就是要使得双方的利益和情感需求都得到满足，并愿意进行下一次合作。

比如两个朋友合伙做生意，每一次可以赚 1000 元的利润，假设大家付出的劳动相等，则这个利润应当是五五分成，但有一方却拿走了 600 元或者更多，一次、两次也许还会安然无事，但如果次数多了肯定会引起另一方的不满，并最终导致合作关系的破裂。这显然不是一个双赢的结果。

双赢，是既满足自己的需要，同时也满足对方的需要，双方共同迈上成功的台阶，最终各得其所。这正是现代"合伙赚钱，谋取双赢"的成功理念。

——— 第四章 ———

人心齐泰山移，为团队共同目标去奋斗

团队要有共同的目标与愿景

在社会中，每个人都是独立的个体，有着不同的活动，目标也各不相同。而在一个团队里，如果每个人都只按照自己的意愿行事，那么这个团队显然是没有战斗力的。一个成功的团队一定都有明确的共同目标与愿景，每一个成员都会愿意为共同的目标和愿景付出自己的努力。

在打造成功团队的过程中，有人做过这样一个调查：让团员思考最需要团队领导人做什么，70%以上的人回答——希望团队领导指明目标或方向；同时，让团队领导者思考最需要团队成员做什么，几乎80%的人回答——希望团队成员朝着目标前进。从这里可以看出，共同的目标在打造成功团队过程中是十分重要的，它是一个团队能否成功的关键。没有行动的远见只能是一种梦想，没有远见的行动只能是一种苦役，远见和行动才是成功团队的希望之所在。

为团队确定目标还是相对比较容易的，但要将共同目标灌输于团队成员并取得共识就不是那么容易的事情了。所谓共同目标并不是要团队的每个成员都完全同意的目标，而是尽管团队成员存在不同观点，但为了追求团队的共同目标，各个成员求同存异并对大家的共同目标有深刻的一致性理解。要达到这样的效果，就应从以下几个方面着手：

第一，对团队进行摸底。对团队进行摸底就是向团队成员咨询对团队整体目标的意见，这非常重要，一方面可以让成员参与进来，使他们觉得这是自己的目标，而不是别人的目标；另一方面可以获取成员对目标的认识，即大家的共同目标能为组织做出什么别人不能做出的贡献，团队成员在未来应重点关注什么事情，团队成员能够从团队中得到什么，以及团队成员个人的特长是否在大家的共同目标达成过程中得到有效发挥等，通过这些摸底，广泛地获取成员对共同目标的相关信息。

第二，对获取的信息进行深加工。在对团队进行摸底收集到相关信息以后，不要马上就确定大家的共同目标，应就各人提出的各种观点进行思考，留一个空间给团队和成员一个机会，重新考虑这些提出的观点，以避免匆忙决定带来的不利影响。

第三，与团队成员讨论目标表述。树立团队共同目标与其他目标一样需要满足五项原则：目标必须是具体的、目标必须是可以衡量的、目标必须是可以达到的、目标必须和其他目标具有相关性、目标必须具有明确的截止期限。与团队成员讨论目标表述是将其作为一个起点，以成员的参与而形成最终的定稿，以获得团队成员对目标的承诺。虽然很难，但这一步确实不能省略，因此，团队领导应很好地运用一定的方法和技巧，比如头脑风暴法：确保成员的所有观点都讲出来，找出不同意见的共同之处，辨识出隐藏在争议背后的合理化建议，从而达成大家的共同目标和个人目标共享的双赢局面。

第四，确定团队的共同目标。通过对团队的摸底和讨论，综合大家的共同目标，确定共同目标以反映团队的目标责任感。虽然很难让全部成员都认可一个共同目标，但求同存异地形成一个成员认可的、可接受的目标是重要的，这样才能获得成员对共同目标的真实承诺。

第五，由于团队在运行过程中难免会遇到一些障碍，比如：组织大环境对团队运行缺乏信任、成员对大家的共同目标缺乏足够的信心等。在决定大家的共同目标以后，尽可能地对大家的共同目标进行阶段性的分解，树立一些过程中的里程碑式的目标，使团队每前进一步都能给组织以及成员带来惊喜，从而增强团队成员的成就感，为一步一步完成整体性共同目标奠定坚实的信心基础。总之，对大家的共同目标达成一致并获得承诺，不需要命令、监督，用自己的执行力去行动，是团队取得成功的关键。

当然，要想让团队因为共同目标和愿景而产生强大的凝聚力，团队还必须建立起优秀的团队文化愿景目标。

首先是合作文化。今天的世界已经不再是一个简单的个人英雄主义时代，而是一个在各个层面，尤其依靠团队的成长来展开全面合作的时代，因此合作文化已经成为我们这个时代的团队文化的重要支柱内容之一。个人需要能力，需要展现自我价值，要让所有成员都明了个人的价值必须建立在团队的基础上才能得到最好发挥，离开了团队，个人的能力是无法得到尽情施展的。因此，团队中的每个成员都必须有良好的与他人分享自己经验的心态，与他人相互合作的意识。这样，每个人就不仅仅局限于自己的那一小部分收获，而是整个团队了。

其次是关爱文化。所谓关爱文化就是团队对广大最终消费者、事业参与者的一种关心和爱护。一个团队如果把这种关爱作为理想的内核之一，那么其所折射出来的外在表现形态就是一种关爱文化。这种文化的力量不仅是能够使团队保持凝聚力和战斗力的秘诀，而且也是使其成为"高效率"团队的关键之一。比如"关注客户"是这个团队的共同目标，那么以这样的心态注入到所开发出的产品，才是真正满足客户需求的；关爱内部参与者，才能让团队内部成员体会到团队的温暖，使整个团队更加温馨和谐。这样，团队内部的整体搭配才能体现出好的状态，再加上个人的努力，能够较好地转化为团队的力量，个人的力量才不会被抵消浪费掉，并较好地汇聚成团队共同的方向，发展出一种共鸣，就像凝聚成束的镭射光，而非发散的灯光，它才具有目的的一致性，并且了解如何取长补短。

确立共同目标和愿景，然后让团队中的每个成员为之努力，在这一过程中团队的凝聚力就会不断被强化，从而形成一个打不倒、难不住的现代优秀团队。

没有目标的团队是一群散兵

　　一个团队必须要有共同的目标，才能把团队成员的力量结合到一起，产生"1＋1"大于2的效果。否则，这个团队就只能是散兵游勇，发挥不出应有的实力来。这就好比物理上的合力，只有当所有力的方向都指向一处，它们所形成的合力才是最大的。

　　国产智能手机小米的创业团队就是一个有着明确目标的团队。当年，创业初期的小米一共只有7名成员，雷军兼任CEO和总裁。他本是金山软件的一名董事长，出于对智能手机的热爱，以及一个明确的目标——用手机代替电脑，毅然辞职创立了小米。

　　小米的副总裁林斌，原本是微软工程院的工程总监、金山软件的交互设计师，也是出于对国产智能手机行业的热爱和期盼，选择离开原本供职的公司，加入了小米公司。

　　其他几名成员也都大有来头，要么是摩托罗拉曾经的核心工程师，要么是微软工程院的开发总监等。他们各有不同的工作经历和背景，但因为同样的目标聚到了一起。所以，小米从一开始就有着极强的战斗力和专注力，只盯着智能手机这一块儿。

　　结果没过多久，小米就一战成名，力压众多老牌手机公司，一举成为中国当年最耀眼的手机公司，打造出了世界一流的中国智能手机品牌。

　　有人说，目标是一个团队成立的前提，没有目标就称不上团队。因此，先有目标才会有团队，有了所有成员都认同的目标，大家才会为达成这个目标而努力工作。

　　团队管理不是"官理"，不能单凭领导的个人意志行事，如果没有一个共同的意识，即团队目标，团队成员的方向就会散乱，就会与团队总的前进方向分裂。可以说，没有目标的团队多是走一步看一步，其成员也抱着侥幸心理，随时有可能分道扬镳。

正所谓"人以群分，物以类聚"，只有目标一致的人在一起才能爆发出足够的做事激情来。并且，目标能够给人一种奋斗的动力，随着目标的一步一步实现，会使团队成员产生成就感，如此，大家便会更加积极地为这个目标努力付出。

人因梦想而伟大，团队亦然。当年，正是任正非"要做世界第一通信设备供应商"的伟大梦想才奠定了华为不断奋进、不断超越的基调。其创立30年来，不管华为的取得何等傲人的成绩，所有华为员工始终不骄不躁，坚定地朝着"世界第一"迈进。

可见，团队目标就是勾勒团队美好未来的一幅蓝图，是所有成员的明日美梦与机会，它会引领团队的发展方向，告诉所有成员将来会怎样、接下来应该怎么做。固然，一些具有挑战性的目标可能不会很容易实现，但它的确会激励团队成员的勇猛斗志。

因此，对于一个团队来说，再没有什么东西比团队目标更能加强团队的凝聚力了。团队的凝聚力强了，其战斗力才会更强。作为团队领导，我们必须为要团队制定一个合理的、所有成员都认同的目标。那么，制定团队目标需要注意些什么呢？

（1）团队领导要敢于确定团队的目标

制定团队目标，首先一点就是要明确目标制定者，不能模糊不清。不然，一旦面临目标完不成的危机，大家就会分心他顾，各有各的标准，使拼搏的干劲儿减弱，进而降低团队的工作效率。因此，作为团队领导要有担当，负责确定团队的具体目标。

（2）制定目标要"大小结合""远近结合"

这是什么意思呢？就是说，要为团队制定一个远大的愿景，比如任正非的"做通信领域世界第一"，再比如雷军的"用手机代替电脑"等。一个宏大的愿景，可以充分激起员工的积极性和使命感，让他们感觉自己是在做一项伟大的工作。

与此同时，我们还必须在"大目标"的基础上制定一个看得见、跳一跳就能摸得着的小目标，如此大小结合、远近结合，才能让员工有足够的热情和自信坚持下去。否则，一旦长期实现不了目标，员工就会感到挫败，没有成就感，最后会就丧失动力。要与时俱进，随时调整团队目标。

社会的发展是迅速的，事物的变化也是迅速的，想要跟上时代就得不断革新、创新。也就是说，团队目标制定之后不一定就是完全正确的，也会面临被淘汰的风险。想要让目标具有实际的意义，我们就必须随时调整目标，以保证它顺应当前的形势。

（3）层层分解团队目标，力求分配到每一个成员身上

为了将成员与团队更好地联系起来，以及更有效地实现团队的目标，我们就要层层分解团队目标，把这个团队大目标与成员的个人小目标相结合，以此激发员工的积极性，更好地实现团队目标。比如一个销售团队，可以把团队的绩效摊派到每个成员身上，只要完成了个人目标，团队目标也就完成了。如此一来，就不用担心实现目标的动力了。

美国思想家爱默生说过："一心向着自己目标前进的人，整个世界都会给他让路！"这个道理同样适用于团队。明确的团队目标，不但能指明团队的前进方向，还能起到激励和凝聚的作用，鼓舞成员勇往直前。可以说，明确的目标就是团队取得胜利的战略力量。

有目标才能激发员工最大的潜力

人们常说，不逼自己一把，永远不知道自己的潜能有多大。对于一个团队来说，这个道理也同样适用。团队成员的实际能力，多数时候都超乎我们的想象。

那么，这就导致了一个问题：在制定团队目标的时候，目标定得太低，很容易就完成了，员工会没有成就感。换言之，我们是否应该将目标定得更具挑战性呢？

摩托罗拉公司创始人高尔文经常会为员工设置具有挑战性的目标。

摩托罗拉公司刚刚进入电视机市场时，在该领域没有太多经验和技术积累，然而，高尔文却为电视机部门制定了一个极具挑战性的目标——他要求在第一个销售年就以 179.95 美元的价格卖出 10 万台电视机，还必须保证有利润。

此言一出，便立即有人抱怨："怎么可能一下子卖出那么多呢？那至少意味着我们在电视机这个行业的排名升到了前四位。再看看我们现在的排名吧，最多只能排到第七。"

还有人说："售价还不到 200 美元，那成本得从现在的基础上降多少，又得需要多么先进的技术？最关键的是，如果我们不能有效地降低成本，那么根本就无法盈利！"

面对员工们的抱怨，高尔文表示理解，但他并没有因此而"妥协"，只是说："我们一定要卖出这个数量。在你们拿出用这种价格、卖出这个数量的利润报表给我看之前，我不想再看任何有关成本的报表了。你们只需要知道，我们一定要努力做到这一点。"

就这样，在众人的抱怨声中，摩托罗拉公司电视机部门全体开动，全力朝着高尔文定下的目标前进。结果，大家不但顺利完成了目标，而且还远远超出了目标。

高尔文说："事实证明，许多看似不可能的目标完全是可以实现的。"

高尔文认为，团队目标一定要具有一些挑战性。为什么？因为每个人都有惰性，太过轻松地完成目标会让我们失去压力。正如很多时候我们都强调有压力才会有动力，一个没有挑战性的目标会让我们大大放松对自己的要求，更别说激发我们的潜能了。

管理学专家调查发现，目标过低会使员工率性而为，逐渐失去热情和拼搏的精神，但如果是具有挑战性的目标那就不一样了。带有挑战性的工作能够激发员工的潜力，使其产生自豪感、成就感；一旦完成，还能明显地增强他们的自信心及工作的积极性。

人不只是"经济人"，还是"社会人"，需要别人认可自己的价值。而这种价值和承认，能够通过完成颇具挑战性的工作来获得。因此，让团队目标具有挑战性无疑最能激发员工的热情和动力。

当然，这也并不是说一定要把目标定得很高。我们一定要把握一个尺度，所制定的目标要在员工的能力范围之内，至少不能超过太多。比如，一张口就要员工"上天摘星星，下海捞月亮"，那就太不现实了。毕竟，注定实现不了的目标，没有谁会把它当真。

因此，想要制定有挑战性的目标就不能夸张过度，必须要考虑员工的实际情况。与此同时，我们还应该注意目标的针对对象，毕竟不是所有人都愿意接受有挑战性的工作。对于那些追求安逸的人来说，挑战性工作并不适合。具体而言，应该怎么做呢？

（1）在制定目标前，应准确了解员工的能力

任何目标的制定都不能脱离实际，想要它被实现，同时又兼具挑战性，以激发员工的潜能，我们就必须先弄清楚每一个团队成员的能力大致在哪个位置，然后有针对性地设置完成目标的门槛。如此一来，这个目标才具有可行性。

（2）找准"挑战性工作"的针对对象

对一般员工而言，赋予他挑战性的工作，也许会在一定程度上调动其工作积极性。但不可否认的是，富有挑战性的工作常常具有冒险性以及较高的失败风险。这对于那些把工作稳定放在第一位的员工来说并非上策。更多的时候，他们会对这些难度颇大的工作抱以拒绝的态度。只有那些敢闯敢拼甚

至以此为乐的员工才会积极地接受这些工作。因此，我们在制定目标时也应考虑到这一点：选择合适的对象。

（3）别忘了给"挑战性目标"配备丰厚的回报

俗话说，"无利不起早"，这句话在管理中同样是颠扑不破的道理。我们既然给员工设置了富有挑战性的目标，就别忘了配备丰厚的回报。物质奖励也好，精神奖励也罢，一定要让员工意识到他的努力不会白费，完成了挑战性的工作就有会不一般的回报。

这并非是利益至上，而是对员工付出劳动的应有尊重。试想，当员工发现自己完成了更难的工作后却没什么额外收获，那么下一次谁还愿意付出更多呢？毕竟，没有人愿意平白付出。哪怕只是名誉上的奖励也好，至少应当让他们感觉到自己的努力是被认可、肯定的。

（4）目标定得太高容易吓跑员工

对于生产目标、销售目标，团队领导在制定时一定要万分谨慎。举个简单的例子，在制定年度目标时，脱离实际，一味地往高了定，明明去年的销售额只有 1000 万元，今年却要实现一亿元的大目标。试想，10 倍的增幅，这样的天文数字若非特殊情况，如何能够实现？一旦定下了这样的目标，大部分员工估计连考虑的心思都没有直接放弃了。

挑战性的目标更能够激发员工的潜力，提高工作效率，同时让员工在不断的努力中提升自己，获得满足感和成就感。因此，目标定得稍高一点才是理想状态，但也要考虑实际情况。

实现目标就要集中全力攻克

大多数人常常犯的错误便是三心二意，总觉得值得去做的事情很多，结果导致精力很难集中，最后一事无成。团队管理同样如此，一个优秀的团队领导必然要明白，团队的资源是有限的，一旦过于分散资源，那么实现目标的概率就会大大降低。

当年，一部国产动画电影《大圣归来》横空出世，一举赢得了 10 亿元房，震惊了整个中国动画产业，由此拉动了国内动画制作腾飞的大序幕，有人惊呼这是奇迹。然而，却很少有人知道，在这部动画电影背后是一个团队耗时 8 年的努力。

在这部动画上映 8 年前的一天，导演田晓鹏无意中看到儿子看"奥特曼"时津津有味，当时他就想："我得做点儿什么了，起码应该让儿子在看动画片的年纪里能看到老爸的作品。"于是他开始写剧本。

为了写出一个好的剧本，他整整花了 4 年时间。有人说，你有这功夫搞剧本，还不如迎合市场，弄点儿符合时代的东西，那可比老掉牙的《西游记》赚钱多了。但田晓鹏不为所动，坚持创作自己的"孙大圣"，他认为必须要写一点儿特别的东西。

好不容易等到电影开始制作了，又有人说，这年代要的是特效、要的是明星效应、要的是"颠覆三观"的噱头。田晓鹏依旧不为所动，全力打造自己的"孙大圣"，为此，他的团队节衣缩食，很多员工甚至自发地降低自己的工资——每个人都在为梦想而奋斗。

如此折腾了 8 年，其间面临过投资方撤资、动画一度搁浅的尴尬局面。但最终在田晓鹏和所有团队成员的坚持下，《大圣归来》还是登上了大荧幕，并超乎所有人的想象，成为了当年最惊艳的动画电影作品之一。田晓鹏的团队获得了巨大成功。

美国石油大王洛克菲勒曾说过："人生中最令人感到挫败的，莫过于想做的事太多，结果不但没有足够的时间去做，反而想到每件事的步骤繁多，而被做不到的情绪所震慑，以致一事无成。我们必须要承认，时间有限，任何人都无法做完所有的事情。"

个人如此，团队亦如此。没有哪个团队能坐拥无限的资源，如果目标太过分散，不能将有限的资源聚焦到一处，那么最后的结果往往是越做越差，直到人心涣散，再也无法形成战斗力。这个时候，也就是团队走向崩溃、解体的时候了。

某公司的优秀经理人在面对记者采访时曾反复强调："想要实现目标，就只能聚焦全团队的资源，除此之外别无他法。一旦不能聚焦，结果就显而易见了。"

作为团队领导，我们一定要明确目标，然后将所有的人力、物力和精力都放到这个目标上，只有这样才有成功的希望，千万不要学那只捡了芝麻丢西瓜、掰了玉米丢芝麻的猴子。目标太过分散，绝大多数时候都只能以一无所获收场。

一代武术大师李小龙曾说过："武术的精髓就在于格斗，而格斗只有两个动作：进攻，或是防守。将一切集中在进攻上，进攻就是防守，如此一来，出招时就会变得敏捷而有效。"功夫如此，团队管理同样如是。那么，我们具体应该怎么做呢？

（1）禁绝三心二意，只将精力放在当前的目标上

作为团队领导，我们要将心思放在未来一两年要做什么上，而不是未来50年要做什么上；还要永远只把目标放在一个领域，而不是三心二意地既做"设备"又搞"互联网"。认准目标后就要坚定不移，用尽团队的一切力量去为之拼搏，如此才能在最大限度上提高我们实现目标的砝码，最终顺利攻克目标。

（2）坚持不懈地努力，半途而废永远不可能成功

很多时候，目标的实现需要一个长期奋斗的过程。比如"熊出没"品牌的打造用了五六年的持续奋斗才最终稳固地占据市场。因此，面对可能出现的暂时的、短期的失败，我们不要灰心丧气，坚持下去，要相信没有白费的努力。

（3）一时的成功不代表永远成功，不要得意忘形

很多团队，在一开始的时候的确能做到聚焦资源、实现目标。然而，在

取得了一定成绩之后就会开始膨胀，开始分散资源和精力，寻求在多个领域的发展，并美其名曰建构多元化发展结构。但事实是，这样做的后果多是步子迈得太大，白白损耗之前的基业。

一时的成功，并不代表永远成功。既然制定了目标、聚焦了团队的资源，那就要坚定不移地走下去，只有这样才能让我们积累起来的竞争优势不断得到扩大，并将竞争对手远远甩在后面。否则，这一切就有可能反过来，在自身处于领先的阶段反被别人超过。

总而言之，要实现既定的目标，聚焦团队资源、集中全力攻克或许是唯一也是最佳的途径。不管怎么说，以有限的资源追求无限的领域终究不是聪明人的做法。

将团队目标分解到个人

对于每个团队成员来说，将团队的整体目标完全放到自己身上是难以想象的。这就是为什么很多时候明明已经有了清晰的目标，但团队战斗力依旧不足的原因。仅有清晰具体的目标还不行，还要将目标分解到个人，让每个人都明确自己的任务和责任。

在华为有这样一种观点：要想使团队的目标对任何员工都有实际上的影响，或具备真正可执行的可行性，必须要从每一个员工着手，将团队的整体目标进行有计划、有步骤的分解，以此将所有团队成员都联结起来，助推目标的实现。

2016年，北京某房地产顾问有限公司的目标是实现年销售额总量突破4亿元。为了实现这个目标，公司高层将这个4亿的目标分解成了上百份，每一份在1000万到2000万元不等，让公司的100多个团队各自负责一份。

每一个团队的领导分到任务后，在团队内会进行更细小的划分——每一个团队成员都要"领任务"，定下自己这一年将要完成的业绩目标，而这个目标必须建立在公司分配的任务之上，不能少于它的平均数。

如此一来，只要每一个员工都努力实现自己这一年的目标，那么团队的整个目标也就跟着实现了，进而整个公司的目标也就实现了。这就将所有员工与公司的大目标紧密地联系了起来，让他们都会产生一种紧迫感以及使命感，同时赋予了总目标以可行性。

将团队目标分解到个人的意义在于，让员工知道自己有能力完成这个目标，公司领导相信他们能完成这个目标，同时让他们产生一种荣誉感。这种"胜任力"和"荣誉感"是对员工最好的激励，或者说激励的本质就在于让员工感到自己能对团队做出贡献。

此外，将团队目标进行更详细的分解，可以使团队领导对每一个员工的个人目标一目了然。如此一来，领导既能在后续的目标完成进度追踪中把握员工的工作情况，同时还能对整个团队的工作进展做到心中有数。可以说，这是一种极为便利的管理模式，大大提高了团队领导的管理效率。那么，具体来说，在分解团队目标时应当注意哪些问题呢？

（1）通过简单的"人头计数法"分解总目标

举个简单的例子：假如整个销售部门的年销售任务是6000万元，部门人数为20，那么分解到20名销售员头上，每人的销售任务便为300万元。接着，再帮员工将300万元的年销售目标分解到12个月、分解到48周。这样一来，员工就会十分清楚自己的奋斗目标了。

（2）在分解目标的时候，应让员工参与进来

让员工主动参与到目标分解中来，比让他们被动地接受我们设定的目标更容易让他们受到激励，并且在执行中表现得更有挑战的欲望，执行力也会更强，取得的绩效也会更好。因为一旦参与了目标的设定和分解，他们就会觉得自己受到了重视，因而会把目标看得更重。这就像是自己说了话，想尽办法也要兑现一样。

（3）目标分解之后，还要引导员工激励自己

不可否认的是，对于大部分员工来说，想要顺利完成指定的年度目标是存在一定困难的。这个时候，我们就需要引导他们激励自己，以保证其拥有持续的拼搏干劲儿。其中，最为常用的是对比法。

所谓对比法，就是让员工对比自己当前的阶段与过去某个阶段的工作效率和成果，看看自己有没有进步、进步在什么地方，又有哪些地方做得还不够好以及应该如何改进，这样会能使团队持续保持高强度的作战力。

比如对比某员工的工作进度，看他上个月完成了多少任务、这个月完成了多少任务，根据这些数据预设下个月的任务量，同时发现其工作中存在的问题等。如此，员工就能看到我们对他的期望在提高，他也会努力去提高自己的工作效率，不辜负领导的期望。

总之，对于团队管理来说，制定团队的整体目标只是基本任务，想要让目标真正发挥它的激励作用就必须采取更科学严谨的手段，将团队目标逐层分解，分派到每一个员工身上，以此调动所有成员的积极性，只有这样才能真正发挥团队的战斗力，实现整体目标。

要有清晰和具体的目标

马云曾经说过，唐僧是一个好领导，"取经团队"也是最完美的团队。在他看来，"取经团队"的成员要么野性难驯、不服管教，要么好逸恶劳、贪吃懒散，再不然就是自信心不足、做事低效。然而，就因为他们有一个清晰的目标：取经！所以，他们成功了。

一个清晰的目标，就是团队成功的起点。换句话说，目标越清晰、越具体，团队的战斗力也就越强。任正非曾经说过："我没有思考过什么远大的理想，也从不想10年、20年后要做什么，我正在思考的不过是未来两年我要做什么、怎么去做……"

在任正非刚刚创业的时候，由于没有多少启动资金，他和员工们只能待在租来的小房间里办公。一间不大的房子，却同时容纳了几十个人，大家吃饭睡觉都在办公室里，条件可谓艰苦至极。然而，即使是这样，他们工作起来依然充满了干劲儿。

原来，任正非一直告诉他们，他们的目标是成为世界第一的通信设备供应商，为中国的通信行业打出一片天地。虽然这个目标在当时被人视作儿戏，但任正非和他的团队却坚信无比。正是对这个伟大目标的执着，使他和员工们爆发出了无比强烈的热情。

如今，经过30年的持续发展，华为已经成为中国民营企业里的龙头老大，而华为员工的刻苦耐劳以及拼命工作的精神也被人们所熟知，视之为华为的标志。

对于一个团队来说，清晰具体的目标能够最大限度地集合成员的力量，以保证团队前进的方向不会偏离，使团队爆发出最强的战斗力。

世界零售业巨头沃尔玛在其发展历程中就是这么做的。在它尚未崭露头角之前，就曾定下了10亿美元的年销售额目标，这个目标在当时足以令人兴奋。沃尔玛人为了达成这个目标，采用了"BeatYesterday"法，将每一天的成果都记录下来，就这样通过一天一天的对比、一周一周的对比，不断总结经验和教训，不断提高自身的工作技能与效率。

最终，沃尔玛以零售商的身份成为了世界上无可撼动的霸主级企业。这就是一个清晰的目标所带来的影响：它能让团队领导和成员做到对目标完成进度的掌握，以确保工作的顺利进行，知道何时该加把劲儿，何时又该调整前进的方向，以及及时发现问题。

成功学大师拿破仑·希尔也说过，目标必须是清晰和具体化的。如果目标模糊不清，那么团队前进的方向就会模糊不明，进而导致员工做事随便，没有具体的标准。因此，我们在制定团队目标时一定要将目标明确，使之清晰具体。具体来说，我们应该注意些什么呢？

（1）让所有成员明白目标是什么

制定目标时不要含糊其辞或是笼统地表达，比如"我们争取在今年取得大的进步""我们今年的目标是做最好的自己"等，这样的目标太过模糊，没有具体的细节，给别人的感觉更像是喊口号。试问，什么样的进步才不算小？怎样才算是做最好的自己？

所以，我们在制定目标时一定要将目标明确到细节上，比如"我们争取在今年成为公司业绩第一的团队"等，这样的目标就足够清晰了，既限定了时间，又用具体数字量化明确了目标。只有这样，才能让目标发挥其真正的作用，推动团队的进步。

（2）让每一个团队成员都理解、接受目标

很多团队领导都强调执行力，认为员工只需要服从上级的命令，即使不理解也要执行才对。然而，对一个团队来说，真正清晰明确的目标必然是每一个成员都能理解和接受的。他们知道自己为什么要朝着这个目标前进，知道这个目标所代表的含义，所以能发自内心地为之拼搏。换言之，团队成员能理解的目标才算得上是清晰的目标。

（3）制定的目标一定要"看"得见

我们在制定团队目标时一定要"看"得见，不但要我们自己"看"得见，还要让所有员工也"看"得见。比如，一家刚刚成立的动画制作公司，人数不过十来个，又没背景又没资金，却突然就夸下海口："明年要成为像皮克斯、迪士尼那样的大制作室！"试想，这样的目标如何叫人信服？一旦员工不认同目标的可行性，他们的积极性就很难被调动了。

所以，我们在制定目标时一定要让员工感觉到："嗯，努力一把有可能会实现！"这样一来，他们才会为之付出、拼尽全力，因为这个目标是有可能实现的。

总而言之，制定团队目标要清晰具体，越清晰团队的战斗力越强，就越能保证前进的方向不会偏离。模糊不清的目标是没有意义的，只会让整个团队陷入迷茫。因此，在制定团队目标时一定要进行科学的探讨才行，不能一拍脑门儿就做出决定。

团队要讲究的是互帮互助

所谓团队，就是由员工和团队管理者组成的一个共同体，该共同体合理利用每一个成员的知识和技能协同工作，解决问题，达到共同的目标；也可以定义为两个或两个以上相互作用、相互依赖的个体，为特定的目标而按照一定规则结合在一起的组织。

换句话说，只有当所有成员互帮互助，为了一个共同的目标而奋斗的时候，这个组织才能称得上是一个团队。人们常说，员工的价值就在于帮助老板解决问题。但实际上，在一个优秀的团队中，团队领导的价值也是为员工解决问题。只有相互为彼此解决问题，这个团队才能团结一致、齐心协力，最大限度地发挥集体的力量，朝着目标前进。

侯先生是一家房产中介的经理，他非常关注团队员工的工作进展。有谁遇到解不开的难题了他总会想尽办法，利用自己的各种资源帮助员工解决。

有一次，他手下的新员工孙小姐结识了一位大客户，对方想要在某地买一栋大房子，资金初步定在 8000 万元左右，对房子的要求提了很详细的标准。可以看出，这是一位迫切想要买房的客户。然而，孙小姐因为刚进公司不久，手中没有那么多房源。

在孙小姐想尽办法而不能如愿的时候，侯先生主动找到了她。首先，他在公司内网发布消息，征集公司已有的房源；然后，他开始培训孙小姐的"洗房"技能，希望在最短的时间内"洗出"一套符合客户要求的房源；与此同时，他不断向孙小姐传授自己的客户维护经验，并告诫她不要慌张，一定要以诚待人，争取以真诚来打动客户。

最终，在侯先生的帮助下，孙小姐不但自己"洗"出了两套房源，还得到了公司内部几套房源的信息。经过再三筛选，那位客户选中了其中一套，顺利完成了交易。这笔交易带给孙小姐近100万元业绩，同时也给侯先生的团队带来了公司当月业绩第一的丰厚回报。

在工作中，员工总会遇到一些凭借自身的力量无法解决的问题。这个时候，作为团队领导，我们应该从大局考虑，充分调动我们的资源帮助他们解决问题。当然，这并不意味着替员工"擦屁股"，而是在员工确实无能为力时予以必要的帮助。

团队是一个整体，讲究的是互帮互助，而非单纯的"下对上"的关系。说白了，员工必须要为领导解决问题，领导同样也需要为员工提供帮助。如果员工面对超出其能力范围的难关，领导却袖手旁观、不施以援手，那么他们就会对团队失去信心和归属感。久而久之，他们就会逃离这个团队，至少在面对工作的时候不再那么上心了。因此，为了团队的和谐发展，团队领导为员工提供必要的帮助是天经地义也是非常必要的。那么具体来说，团队领导应当怎么为员工提供帮助呢？

（1）帮助员工发现他自身被忽视的长处

很多员工常常由于各种原因忽视了自身的一些长处或是对自己不自信，明明有着很好的创意以及很强的工作能力，却不能很好地发挥出来。这个时候，团队领导就需要发挥自己的作用了——给予员工更多的鼓励，使其认识到自己的闪光点，并将之运用到工作中。如此一来，不但会增强员工的归属感，更会为团队发掘出一名优秀的"战士"。

（2）大胆地调用资源，解决员工工作上的难题

员工在工作中难免会遇到一些超出其权限范围或能力范围的难题，比如由于自身职级所限无法掌握一手资料，进而影响到工作的进度。这个时候，就需要调用我们的资源，在不违背公司规定以及不影响公司整体计划的前提下给员工提供必要的帮助。

（3）帮助员工解决职业规划或人生方面的困惑

大多数时候，给员工带来最大困扰的就是职业规划以及人生的困惑，比如职业发展或成家立业等问题常常让员工无心工作。在这个时候，领导就应当及时伸出援助之手，解开员工的心结。毕竟，员工只有轻装上阵，才能提高工作效率。

　　总之，一个真正的团队是互帮互助的，还有着精密的分工。员工负责完成工作，而团队领导则负责为员工提供完成工作所需的必要帮助。只有彼此倾力合作，才能打造出无缝隙的完美团队来。因此，在员工遇到解不开的难题时，别忘了伸出我们的援助之手。

目标要有明确的期限

任何一个目标都要在设定时考虑时间的限定，只有规定了明确的完成时间我们才会有急迫感，进而奋力向前。换言之，明确的期限能助推目标的实现。

例如"我们一定要成为业绩第一的团队"，这样的目标看似清晰明确，然而却忽略了最重要的一点：什么时候成为业绩第一的团队，今年，明年，还是后年？

没有时间的限制，我们对目标的轻重缓急就有了模糊的认知，完成目标的效率也就缺少了衡量的尺度。甚至在某个紧急状况发生时，我们还会将它丢到一边，会变得容易向现实妥协，并找借口告诉自己："我还有时间，还不急，慢慢来。"于是乎，原本已经定好的目标就这么被搁置一旁，完成之日也变得不确定起来，最后甚至可能被完全放弃。

赵东是华为在海外的一名团队领导，2006 年曾负责过一个大项目。当时，一家名为"ptimus"的企业找到华为，想要华为替自己建设 500 多座通信基站。

这家 ptimus 是葡萄牙最大的民营企业 sonae 和法国电信合资创办的企业，当时正在打造一个"optimus"计划，而拜托华为建设的那 500 多座基站正是这个计划的最核心内容。之所以选择华为，是因为华为在工程的按时交付方面做得最好。

不过，这个项目有个最大的困难，那就是必须要在 2006 年 10 月之前完成 500 多个基站的建设，这样的工程量即使是当时世界第一的通信商爱立信也很难完成。

华为接下任务后，该地区总负责人将该任务交到了赵东手中，并要求他无论如何也要按时完成任务。为此，赵东不得不硬着头皮给自己的团队制定了 10 个月内完成 500 座基站的"远大目标"，甚至为了顺利完成目标还制定了更详细的计划：首先在一个半月内完成全部基站的 30%，然后全体成员放假两天，再连续上一个半月……

最终，在赵东严格的时间限制下，虽然 500 多座基站的目标很吓人，但还是在一个又一个"工期"中圆满完成了。2006 年 10 月，华为顺利交付 500 多座基站，彻底拿下了葡萄牙和法国两国的市场，赵东本人也因此受到公司的褒奖，在职位上得以更进一步。

其实，在团队管理中，目标没有截止时间跟没有确定目标是一样的。大多数时候，给予的时间越多，实现目标的速度就越慢，效率也就越低。说穿了，没有截止时间的目标只是一种"安慰"，让团队成员感觉自己在朝目标努力，但实际上真的有努力吗？

一些团队常常会出现这样的情况：明明领导相当着急，但员工却不以为然，做事悠哉游哉。为什么会这样？就是因为团队领导在制定工作目标时没有设定明确的期限，所以员工们做事不急不忙，但领导心里却已经是焦急如火，恨不得立刻完成目标。

可见，给目标制定明确的时限不但有助于提高员工的工作积极性，给团队适当增加压力，同时也是搞好团队管理、促进员工彼此默契配合的重要手段。因此，我们在制定团队目标时一定不能忘记给目标规定明确的完成时间。

当然，这并不意味着我们就可以盲目求快，把时间规定得越短越好了。事实上，这需要认真考虑团队的实际情况。若一味求快，只会弄巧成拙，造成许多问题。

我们在制定目标的完成期限时一定要注意团队的实际情况。那么，具体来说应该如何设置目标的完成期限，以促进团队的工作效率，推动目标尽快实现呢？

（1）判断事情的轻重缓急

对不同工作的轻重缓急进行有效的判断，从而分清楚哪些工作需要及时完成、哪些工作可以适当顺延，这样，目标的时限性也就能很好地加以体现。应公布具体的时间限制。将具体的时间要求公布在企业的内网、办公室的告示板上，还可以通过邮件的形式提醒员工。一些团队领导认为，这样有助于全体员工能更好地认识目标时限的重要性。

（2）定期检查项目完成进度

团队领导不要在公布完项目之后就不再管理时间限制了，事实上，团队领导有必要定期对项目的完成度进行检查，从而掌握和了解项目的进展。

（3）进行工作指导和资源分配

在计划的推进中，根据员工的表现，对工作能力不同的员工给出不同程度的工作指导和资源分配。比如，对于那些明显在完成目标的能力上出现不足的员工要给予一定帮助，这样可让整体目标更快得以实现。

一个没有期限的目标只是美好的想象，只有给它制定严谨的截止日期才有实现的可能。总而言之，不要设定没有截止时间的目标，给目标一个时间限制，这样一来，团队成员才能在必要的压力下高效前进，并明确自己的前进方向，朝着目标努力。

让大家朝着一个方向奔跑

阿里巴巴创始人马云说："不要让我们的员工为我们干活儿，而要让他们为我们共同的目标干活儿，共同努力。团结在一个共同的目标下面，要比团结在一个企业家底下容易得多。所以，首先要说服大家认可共同的理想，而不是让大家来为你干活儿。"

对于团队领导来说，统一团队成员的目标远比统一他们的思想来得可靠得多，后者永远无法实现，而前者却能让团队爆发出惊人的活力和团结精神。毕竟，大家只有认同公司的目标和理想，才会心往一处想、劲儿往一处使，朝着一个方向奔跑。

日本经营之神松下幸之助就是一个懂得为团队建立共同目标的人。在松下电器的发展历程中，他通过不断提出新的发展目标，让每一个员工都带着目标感前进。

比如在 1955 年，他宣布了公司的第一个五年计划：用五年的时间，把松下电器公司从一个效益为 220 亿日元的公司发展成为一个效益为 800 亿日元的公司。

定好这个宏大的发展目标之后，松下幸之助又要求大家把这个大目标分解到每一年、每一个季度甚至每一个月，于是公司就有了年度目标、季度目标以及月度目标。之后，他再要求把这些目标具体分解到每个员工身上，让每个人都担负起自己的责任。

最后，松下幸之助承诺道：如果大家能努力去实现这个目标，那么一旦目标达成，大家就能享受到与欧美等西方发达国家相同的薪资待遇。如此一来，他就成功地将公司的目标转化为了每一个人自身的目标。为了追求这份高薪，所有人都铆足了劲儿工作。

五年之后，松下电器实现了它第一个五年计划所制定的目标，成为效益

800 亿日元以上的公司，而松下幸之助也说到做到，毫不犹豫地兑现了对员工的薪资承诺。

联想集团董事会主席柳传志曾说过："目标是最大的激励。"在团队管理中，领导最重要的一项职责就是为大家设定一个共同的、受到认可的目标。可以毫不夸张地说，一个不善于给工作制定目标的领导不是一个好领导，而一个没有目标的团队也不能称之为团队。

目标是领导力的来源，也是团队的基本特征，对于一个团队来说，怎样才能提高绩效？首先便是要有一个能够实现的目标，如果连目标都没有，抑或这个目标压根儿就没有实现的可能，那么即使领导再怎么强调效率、强调工作态度也是毫无意义的。

同样，对一个团队领导而言，做每一件事都要先制定目标，不然，哪怕领导力再强，工作也不会有成效。事实上，制定合适的工作目标就是我们领导力的重要体现。李开复先生曾经说过，管理者的领导力来源于九大因素，其中制定工作目标排在首位。

在管理学中，将团队的构成要素总结为五大要素，分别为目标、人、定位、权限以及计划。要想建立一个优秀的团队，这五者缺一不可。可见，为团队制定一个共同目标无疑是团队领导工作的重中之重。那么，我们在制定目标时具体应该注意哪些方面呢？

（1）不要执着于个人利益

永远都要记住，团队目标不是领导个人的，而是属于整个团队的，应当从团队的整体角度出发，围绕着促进团队的发展来展开，并与其密切联系。然而，很多团队领导在设计目标时往往只关注自己的个人利益和发展而忽略团队整体的发展需求以及员工们的个人诉求，这是不行的。这样的目标只能是徒具其形，得不到员工的共同认可。

（2）不要过分追求目标的量化、数字化

在现实管理中，很多人喜欢把目标量化，以便进行管理和分析。然而，不是所有的团队都适合将目标具体、量化，比如类似职能管理，与思想、文化工作相关的部门就不太好用具体的数字来量化工作。这个时候，领导就一定要采取多元化、综合考量的方式来制定目标，使目标能够符合团队自身的特点，如此目标才具有可行性。

（3）单有目标还不行，还要赏罚分明

设定目标的最后一个法则是：必须有激励和惩罚。很多团队领导认为激励和惩罚措施可以放到目标实现之后，然而事实是，一旦奖励和惩罚的措施实施得不够及时，其价值和效用将会大打折扣。只有在传达目标的同时展示激励和惩罚措施，才能让所有团队成员都能看到自身成功之后的收益，也可以使那些碌碌无为的员工意识到不努力的工作的后果。

总之，一个团队的发展离不开目标的激励，而一个具备超强个人魅力的团队领导，奠定其领导魅力的也正是其对团队目标的制定和把控。善于把控团队目标的领导，他的存在就好像一块磁铁，将员工紧紧吸附到一起，使大家为了一个共同的目标而奋斗。反之，一个对团队目标把控不足的领导是无法真正唤醒员工的工作热情和做事的积极性的。

因此，想要做一名优秀的团队领导，我们首先应当掌握这样的能力：为团队制定合适的目标，把员工聚集到同一个目标下，让所有人带着目标前进，让他们明白自己所做的一切努力都是在实现自己的价值。只有这样，我们的团队才能发挥出最大的能量。

---------- 第五章 ----------

善用制度约束，不要指望靠自觉把团队管好

靠科学规范的制度管人

有人说，世界上最愚蠢的管理就是相信员工的自觉性，因为员工的范围实在是太广了，广到我们无法用单一的道德标准来约束。所以，团队领导永远不要指望员工能靠着自觉性把自己管理好。如果真有那么一天，领导也就没有存在的意义了。

启刚办了一家小公司，主要从事网站设计和维护。刚开始的时候，由于公司规模小，跟他一起干的又是大学的同学、哥们儿，启刚便采用了放羊式的管理，不管是上下班还是公司报表、对账，基本上全靠兄弟们的自觉。

在头半年里倒也没什么问题，反倒是他的这种信任令兄弟们非常感动，一个个铆足了劲儿工作。然而，随着公司规模的不断扩大，公司成员越来越多，这种管理方式便慢慢出现了很多问题：几乎天天都有人迟到，隔三岔五就有人请假，账簿单据也常常对不上。启刚晓之以理、动之以情，说了很多次都没效果。

无可奈何的启刚只得向其他管理者请教。人家一听，立刻指出了他的管理模式不对，说带领一个团队不能仅凭员工的自觉性，而是要建立起一套系统而完善的制度。

于是，启刚制定了一整套详细的公司制度，包括规定上下班要打卡、成立专门的财务部等等。而对于员工请假、上下班迟到的惩罚制度、功劳奖赏制度等，也都做了专项规定。总之，一切凭制度说话。

在采用了新的管理模式后，虽然有抱怨声，但之前的乱象得到了极大改善。

信任，是团队管理的一个关键要素，对于任何团队的正常运行来说都是不可或缺的东西。但如果一个团队领导无条件信任员工，那么一定却会给团队带来危害。

毕竟，世人都有惰性，而大多数员工又没有优秀领导那样的自制力和抱负，因此，想要单单凭借员工的自觉性来管理团队是不现实的，也是行不通的。这样做通常会给团队带来以下几方面危害：

（1）使员工逐渐变得粗心，工作懈怠

在实际工作中，即使某员工无比爱岗敬业、对领导非常忠诚、对任务高度仔细，却也逃避不了他仅仅只是个人，有自己的成见和片面认知，甚至是偏见。在这种情况下，如果领导因为相信员工的自觉就疏于对他的管理，就容易养成他们漫不经心的工作态度，或者无法全面兼顾工作中的每一个环节，这样做对团队、对员工都是不负责任的。

（2）导致员工欺上瞒上，败坏团队风气

举个例子，当员工汇报工作时，原来是本人的私心所想，却对领导说成是"所有人的共同诉求"，或是"我已经咨询了其他同事的看法，他们都认为……"

这个时候，领导一旦疏忽就可能满足了该员工的"愿望"，却将一切义务都放到自己和整个团队身上。特别是当领导无比信任一名员工时，其余的员工就会争相讨好他。如此一来，不但会乱了团队的风气，还会影响到员工彼此之间的关系。最重要的是，随着时间的推移，还会侵蚀领导的威信，进而影响上下级之间信息的传递。

（3）导致员工越俎代庖、越位决策

领导过于相信员工的自觉性，任其自我监管，时间一长，很容易滋生员工的"野心"，导致员工"鲸吞"领导权限，越位审查用度、运营，私自做出影响团队的决策等现象。这都是由于领导长期不约束，致使员工的权力不断扩大并最终失控的结果。但可以预见的是，这样一来就会导致团队秩序混乱、团队决策失控，进而影响到团队的稳定。

可见，指望凭借员工的自觉性、实现员工的自我管理潜藏着巨大的风险，稍不注意就会造成权力的肆意泛滥，这样做对团队和员工来说都是极其不负责任的。想要真正管理好一支团队，更多的时候靠的是科学规范的制度。因此，我们不妨参考以下几点建议：

（4）制定明确的绩效考核制度

将员工的工作成效与收入直接挂钩，不但能有效发挥员工的能力和潜力，还能为团队作战奠定良好的基础。有多少能力拿多少工资，是相对公平的事，如此员工就不会整日花心思论资排辈，破坏团队团结。反倒是"吃大锅饭"容易让大家都混日子，不利于团队的发展。

（5）一切凭制度说话，减少员工间的勾心斗角

正如依法治国可以减少权贵弄权的恶劣现象一样，一切以制度说话对一个团队来说同样至关重要，可以减少员工间的猜忌和争斗，也能起到有效的鞭策和激励作用。

（6）给予适度的信任，但绝不彻底放手不管

让员工自己管自己，说白了是出于领导对员工的信任。在实际案例中，也的确有很多靠信任实现高效管理的例子。但是，这种信任不是无条件的信任，而是适度的、有保留的信任。在一些核心问题上，领导绝不能彻底放手不管，比如足以影响到整个团队未来发展前景的决策以及关乎团队经济命脉的收入、支出的决策权等，领导应当牢牢抓在手中。

总而言之，每个人都有惰性，都有各自抵抗不了的诱惑，而在实际工作中这一切都有可能遇到。因此，从团队管理的大局出发，领导绝不能过于相信员工的自觉性，而应当采取更为理性、更为科学的管理方式，以系统而完善的制度管理员工。

制定制度切忌朝令夕改

对于团队来说，规章制度就相当于一国的法律，是具有公信力、受团队所有成员共同认可和遵守的，是团队发展及稳定的有力保证。这就要求团队制度也必须像法律一样具有稳定性，否则很可能会造成团队秩序的紊乱，给团队管理带来麻烦。

然而，目下有很多团队领导在制定制度时往往朝令夕改、频频变动，结果导致团队成员无法统一固定行为准则，进而茫然无措。于领导者而言威信降低，于团队整体而言管理混乱。可以说，制度不够严谨对于团队管理有着巨大的负面影响。

倩莲所在的公司规模不小，在业界算是耀眼的新星，但在管理上却显得非常落后——一切都以老板娘的心情为准，今天制定出这样的管理制度，紧接着明天就予以否认，或者说忘记了。而当你没有按照制度执行时，她又突然间想了起来，总说员工的不是。

有一次，倩莲手下的员工接触到了一位大客户，由于对方是外地人，在资格上存在一些问题，员工不知道该如何取舍，就把问题汇报给了倩莲，而倩莲又告诉了高管。当时，鉴于客户体量大，高管的回答是可以争取。但就在他们将客户约到公司面谈的时候，上面又发下文件来说这项交易不能进行，客户的资格不符合公司的规定，属于违规交易。

没办法，倩莲只得向客户道歉，并说明了公司的情况。本以为事情就这么过去了，可没过几天，上面又说话了，问倩莲那个客户的情况怎么样了，是否还能交易。原来，现在公司又出新规定了，那位客户的问题已经不再是问题了……

对于一个团队而言，各种规章制度就是团队成员的行为准则以及努力的目标，在短时期内不应频频变更，否则会让员工觉得团队的规章制度不明确，有法难依，从而对团队丧失信心。到那时，管理工作就更难做了。

制度相当于领导意志的具体表现，是影响员工行为的直接因素。如果领导的意志都是善变的，那么员工就会无所适从。因此，作为制度的制定者和团队的当家人，团队领导首先要对制定一个合理而长远的规章制度有一种严肃认真的态度和深刻的认识，必须要做到不轻易制定制度，而一旦制定了就要坚决执行，全力维护制度的威严。

当然，想要制定一套严谨的、详细的、可实施的以及完整的制度，需要领导根据团队的实际情况综合各方面因素加以考量。那么，具体来说该怎么做呢？

（1）在制定制度之前，要慎重考虑其可行性

很多时候，管理者之所以朝令夕改，是因为制定制度的时候太过随意，缺乏慎重的考虑。有的制度看上去很全面，然而一旦实施起来就会出现各种问题。还有的制度虽然可以实施，但因为缺乏前瞻性，往往投入使用不久就面临更新换代的窘境。

所以，领导在最初制定制度的时候要慎重一些，尽可能在多种方案中选出最受欢迎、最能激发员工积极性的方案。一句话，不求完美，只求有群众基础。

（2）制定制度要体现公正性和人性化

缺乏公正性、人性和导向性的制度，是无法获得员工认同的。不认同，就不会遵守。因此，领导在制定制度的前期一定要多与员工交流，听取大家的意见，在制度中明确考核体系和奖惩标准。这样的制度才会兼具约束力和激励性，也才容易被员工接受。

（3）制定制度要有预见性，不能轻易变动

制度一旦建立起来，就必须力求完整、全面。对于团队可能发生的情况，必须提前想到并做出相应的应对措施。等到员工做出不合理的行为后再做出规定，那是不公平的，也是很没有效率的管理方式。因此，制度一定要具有预见性，且不能轻易变动。

有道是，立长志胜过常立志。对于团队而言，制定一个长远的、合理的制度远比频繁变更制度更有实际意义。更何况，合理的制度是团队发展的根本动力，一旦确定下来就不能轻易改变，应该下定决心坚决执行。只有如此，团队才能稳步前进。

执行制度领导要带头

很多团队领导总是把自己凌驾于制度之上，明明是自己制定的规章制度，却任意践踏、从不遵守，只是要求员工遵守。这样做的结果就是团队制度成了一个摆设，无法发挥其应有的作用。而想要改变这种状态，领导就需要明白一点：在制度的约束下，人人都是平等的，没有谁能例外，尤其是领导，更应该以身作则。

中国房地产巨头万科集团上海分公司的一名销售主管，在大年三十那天直接乘飞机到总部"讨说法"，投诉上海分公司解雇他的行为违反了人事制度。这在其他公司本是一件平常事，但在"忠实于制度""忠实于流程"的万科却不一样。很快，万科总部就对此事进行了调查。

原来此前不久，总部曾派了一位销售经理到上海分公司，他与那位销售主管发生了工作上的冲突。事后这位销售经理认为销售主管犯了错误，解雇了他。按照万科的人事制度，基层管理者如果在工作上犯了错，首先应该是降职；如果降职后仍然表现不佳，才能将其辞退。

很明显，这名来自总部的销售经理确实违反了公司的制度。然而，令人没想到的是，面对分公司销售主管的控告，销售经理仗着自己位高权重，竟然反过来要挟总部：如果总部撤销了解雇的决定，他立刻辞职。

如果换作其他公司，他的做法也许会奏效，但万科是一家制度和流程高于一切的公司。果然，时任万科"大当家"的王石做出了一个出人意料却又在情理之中的决定，那就是撤销上海分公司的解雇决定，改为降职降薪，同时接受践踏公司制度的销售经理的辞职申请。

王健林也曾说："要求员工做到的，自己也一定先做到。再没有比领导以身作则更好的教育方式了。"无论领导再怎么费尽口舌，强制要求员工遵守制度，都比不上领导以身作则、做出示范。

　　制度对于一个团队来说至关重要，作为团队领导，应当将其视为悬在头顶的达摩克利斯之剑，借以规范团队的风气、警醒员工的行为。如果连领导自己都不尊重制度，那么底下的员工会怎么想？

　　有一家制造公司的老板要带客户参观自己的生产车间。走到车间门口时，客户问他："我没有安全帽可以进去吗？"老板随口答道："当然可以。"客户很惊讶："可是你们的安全制度写得很清楚，进出车间必须要戴安全帽啊！"老板笑着说："何必那么认真呢？那些只是针对员工的。"客户参观完车间就离开了，再也没有联系过这位老板。

　　这位老板永远也不会知道，他的一句"何必那么认真"直接打消了对方合作的心思。试想一下，一个公司的老板竟然带头违反自己公司的制度，又如何让别人相信他的员工会遵守那些制度呢？既然不能保证制度被遵守，那么谁又敢冒险购买他的产品呢？

　　制度、规定、纪律是团队发展的基石，一个团队要想长久地发展下去，关键就在于制度。制度的维系力是通过严格执行表现出来的。苏联时期著名的领袖列宁，因为忘记携带证件而被卫兵挡在了门外，人家尚且赞扬卫兵做得对，我们又有何借口不遵守制度呢？制度面前人人平等，才能使制度真正发挥出其作用。在实际管理中，我们应该这样做：

　　（1）不要总想搞特权，把自己当成普通员工

　　很多领导心里总想着搞特权，认为自己身居高位，自然高人一等。在这种思想的影响下，当然就容易藐视制度的存在。其实，领导想要做到严格遵守制度，最好是把自己当成一名普通员工，放下架子，少些自我，保持一颗平常心，别把自己看得太高。

　　领导只有严格遵守制度，才能成为员工的榜样，才能体现出制度的公平、公正以及神圣不可侵犯。否则，领导做"初一"，要不了多久，员工就会做"十五"。

　　（2）重视监督，设立独立的"监督机构"

　　在万达，为了防止腐败事件的滋生，王健林特意成立了一个审核机构。这个机构完全由他掌管，职能是监督、审查公司管理层的账务明细，既审核中层管理人员，同样也审核他自己。他这样做的目的是希望通过该机构，时刻监督自己与其他管理者。

　　调查数据显示，在事故发生的原因中，有96%是人为原因。加强人为预

防，做好监督工作，能够在最大限度上抑制领导的心态，让他们严格按照制度做事。

（3）设立内部论坛，匿名检举违规行为

在华为有一个"心声社区"，上面"驻扎"了近乎所有的华为员工。他们可以在这个论坛上畅所欲言，说出自己对公司的感受，当然也可以反映一些不良现象。同样的论坛，我们也可以效仿。建立一个团队内部论坛，让大家可以放心而没有顾忌地指出团队中存在的各种不良现象，既能及时遏制问题的扩大，又能避免不和谐事件的发生。

总之，团队领导需要明白一点：既然团队的规章制度是由你制定的，那么你就一定要严格执行。如果只要求员工遵守，而自己却肆意妄为，不但很难让人信服，还会让自己在员工心中的印象大打折扣。如果真是如此，可以想象这样的团队也是走不远的。

想要留住优秀员工只能靠制度

李嘉诚说："中国人做生意时常有这样的想法：对员工太好，他自己有了积蓄，就会开拓个人的事业。如果抱有这种想法，就只适合经营家庭式的小型企业了。要经营大企业，就必须知道大企业本身要有很完善的组织，一个员工离开，自有他人补上。"

换句话说，员工是否会以公司为荣、是否觉得在工作上有前途，这才是留人的方法。想要强行留住人才，是不可能的企业留人靠的是制度而不是其他什么东西。同样的道理，一个团队想要留住优秀员工也只能靠制度，而不能仅仅寄托于忠诚度。

有一段时间，万达集团出现了惊人的、大规模的高管离职现象，再加上万达集团吸纳并培养了众多商业地产行业的精英，因此也成了众多猎头公司"围猎"的对象。不仅是高管，甚至连普通员工都成为了房企追求的目标。有消息称，万达的一位部门总经理工作了三个月就被上海另一家国际酒店管理集团挖走。

一时间，人们纷纷猜测，万达将出现可怕的人才外流。然而，面对外界的不看好，万达创始人兼董事长王健林却十分自信。他相信，更多的人才将会选择留在万达。

在王健林看来，人性本身就有弱点，人的性格也会变化，所以管理要靠制度而不能靠忠诚度，忠诚度是靠不住的。今年有忠诚度，明年也许就没有了；遇到金钱有忠诚度，遇到美女也许就没有了……只有拥有完善的制度，不给员工犯错的机会，才是好的团队。

良好的制度，是现代团队管理正规化、系统化的最明显特征。团队想要留住人才，就要解决员工最关心的问题，那就是"公平"和"成长机会"，而这正是制度所能提供的最核心的东西。团队是平台，而制度则是指导员工、规范员工行为的"无形之手"。

简单来说，有了团队制度，员工就能知道自己应该做什么、工作权限在哪里、职责是什么以及应该怎么做才能获得晋升了等等。这样有助于员工更好地展开工作，同时助推他们更快地实现自己的价值。那么，具体来说，领导应该如何利用制度来留人呢？

（1）奖惩制度：奖惩只依照制度施行，不看对象

有功必赏、有过必罚，自古以来就是团队管理最核心的一部分，因为这涉及到"按劳分配"和"公平"的终极问题。制定规范的奖惩制度，一旦实施了该制度就严格按照制度进行奖惩。这样一来，员工就会对团队的公正性产生信任，进而留在团队中。

（2）用人制度：只要合适，就不带偏见地用人

很多领导难免会有这样的心思：这家伙跟我不对付，若是把他安排到这个岗位，说不定会给我使绊子或让我不爽。这样的心思对团队来说是要不得的，不但会带坏团队的风气，还会造成团队人力资源的极大浪费。

制定规范的用人制度，只要员工与岗位合适就应不带任何偏见地选用人才。如此，就相当于给员工心里安了一根定海神针，让他们知道，只要继续留在团队，哪怕他不讨领导喜欢，但只要把工作干好，一样有大把的机会。这样一来，人才自然就留住了。

（3）上下级相处制度：领导和员工最好不要"礼尚往来"

当下，很多大企业、大公司都有这样的规定，在规定的上班时间以及工作范围内，员工不得向领导送任何性质的礼物，领导也绝不能收员工的礼物。

同样，无论员工表现得多好，再怎么讨领导喜欢，领导也不能给予额外的"红包"或优待。这就是规范的上下级相处制度，有利于遏止团队中行贿受贿的现象。

总而言之，团队是一个群体，而不是一个人，想要管理好它，我们就不能以个人的道德标准来作为衡量的尺度。有人说，世界如果没有阴阳、四时之序，就只能是混沌一片。因此，制度才是团队强大的基石，也是团队留住人才的根本。

不要让制度缺乏执行力

如今，绝大多数团队都制定了自己的制度，人们也普遍认识到了制度的重要性，认同制度对团队管理的意义。然而，在处理实际问题的时候仍然有许多领导不能很好地贯彻制度的实施，以至于虽然制定了制度但最终却让制度沦为吓唬人的摆设。

有个20多岁的员工，兼具学历和技术。这名员工在进入公司后不久就得到了领导班子的器重，凭借个人能力很快便晋升为车间副主任。

在走上领导岗位之后，他工作更加积极，表现也更加优秀。但是他有一个毛病，那就是烟瘾极大。可是公司明文规定不准在工作场合吸烟，于是他只好每天早上、中午上班前猛吸几口，然后强忍烟瘾之苦到下班。有一次，他发现楼梯的拐角处比较隐蔽，而且他个人觉得住此处不算工作场合。于是，他在上班间隙来到这个地方抽起了烟。

不幸的是，这一幕刚好被公司的副总经理迎面撞上。当时副总经理什么也没说，但这个员工很快就从人力资源部接到了三条通告：

第一，免去车间副主任的职务。

第二，罚款。

第三，全厂通报批评。

这一事件公告之后，在整个车间引起了很大反响，不少员工认为公司的管理方式太过强硬，惩罚的力度太大。但是，自那之后，公司便再也没有抽烟的现象了。

不少团队在遭遇失败后，总喜欢把原因归咎于制度或决策上的失误。殊不知，很多时候制度或决策并没有错。那么，错究竟出在哪里呢？其实，关键在于知而不行。

有法不用，要法何用？制度一旦建立，就一定要执行，如此制度才具有真正的生命力。任何一项制度，如果离开了执行力，无论它的构架多么科学合理、多么完善，都无法发挥出其威力。

日本软银公司董事长孙正义曾经说过："三流的点子加一流的执行力，永远比一流的点子加三流的执行力更好。"这个道理放在团队管理上也是适用的。

对于一个团队而言，一旦制定的制度缺乏执行力，那么它的一切计划、原则就成了空架子。因此，领导必须要在团队内树立起执行的理念。具体来说，应该这样做：

（1）以严格的奖惩制度来约束员工执行制度

光是让员工主观意识到制度的重要性并不能保证他们就一定能执行，即使短时间内能执行，也不能保证他们在较长的时间里还能遵守。因此，领导还应当制定一套相应的奖惩措施，违反制度的人就要严惩不贷，而对于执行制度的人则予以奖励。

比如北京的某小公司，虽然规模不大，但在管理上却自有一套经验。原来，该公司每周都会颁一个"电影奖"，分别奖励这一周之内在出勤、值班、工作完成进度方面表现最好的三名员工一张电影票。奖励虽小，但在此激励下，该公司人人都充满了活力。

（2）先说后不乱，提前做好准备工作

准备工作就是执行规章制度的"前奏"，只有做好了准备工作，执行的过程才能顺利且达到预期的好处。在一般情况下，准备工作包括思想动员和落实要求两个方面。思想动员，主要应该强调执行制度的重要性、必要性，以及执行后所产生的好处。落实要求，也就是明确制度的适用范围、时间期限，以及由谁来负责执行等具体事宜。

（3）严格实施制度，将其贯彻落实到每一个环节

一般而言，在制度实施前首先要正确理解制度的内容，然后再制定措施，认真贯彻，同时也要注意观察在实施过程中的情况，并做好记录和数据收集，以便不断完善制度。

（4）在实施过程中，检查执行情况

在实施过程中，要检查各项工作是否按制度要求执行，找出异常情况及其原因；同时，还要检查实施的效果，看最终目的是否达到了。要用事实说话，不要凭印象办事。

（5）务必抓好信息反馈，时时改进制度

通过信息反馈，领导可以了解规章制度的执行情况，并从信息整理中找出规律，再做出新规定，只有这样才能使制度不断完善，进而更加契合团队的实际情况。

（6）综合考核指标，使制度深入人心

一般而言，考核是强化规章制度的重要手段，其内容包括工作态度、工作能力、业务水平和工作业绩等。通过对员工的技术和业务的考核，可以确切掌握每一名员工的工作状况和业务能力，以此作为员工定级、降级、提升和授予职称的重要依据。

总而言之，制度是否能够得到有效执行是一个团队能否健康、持续发展的根本。如果执行力不够，光有制度却不遵守，那么这套制度就没有起到它应有的作用。只有整个团队都认同和遵守的制度，才是有用的制度。

用公平管理团队

有很多团队领导信奉"平衡的艺术",认为团队中的权力分布需要维持在一种相互制衡的状态上,认为只有这样才有利于团队的稳定,才有利于自己的威信,并美其名曰"帝王心术"。

说白了,所谓"平衡的艺术"就是掌控者们玩弄权术的把戏,但对于团队来说,一个团队领导却不是掌控者,刻意追求平衡只会让团队内部产生分歧和争斗,并且这些争斗多与工作无关。时间一长,不但会影响团队的和谐,更会降低团队的效率。

小元和小宇是杨先生手下的两个得力干将,杨先生对他们都非常重视。有段时间,杨先生说部门经理有个空缺,将从他们中选一个。两人为此都热情高涨、暗中较劲,但后来却空降过来一个经理。过了一段时间,杨先生又说公司将要成立一家子公司,希望从他们两个中选一个去全权负责,让他们好好干,但后来依然未果⋯⋯

最后小元和小宇发现杨先生并非真心希望让他们中的一个人胜出,而是想让他们相互牵制,保持竞争的干劲儿。这让两人非常失望,他们先后离开了杨先生的团队,并怒斥他做人不厚道。

在实际管理工作中玩弄平衡,很容易给员工留下不公平的印象,而公平与否则是职场中员工最为在意的一点。所以说,团队管理玩平衡往往只是在人为破坏团队的团结,随着时间的推移,只会滋生出各种不良风气,进而导致团队人心涣散。

大多数时候,员工之所以走,是因为觉得所处的团队不公平,不公平就意味着没有良好的晋升渠道,意味着前景不明。试想,一个既不能给予员工安全感,又不能给予他们光明未来的团队,又怎么能留够得住人呢?在这一点上,所谓的"平衡的艺术"就是一切的罪魁祸首。因此,作为团队领导,玩什么也不要玩平衡，公平才是王道。

人人心中都有一杆秤，但每杆秤的准星都不一致，要如何才能做到公平呢？绝对的公平是不存在的，但只要领导严格按照制度行事，赏罚分明，至少能在最大限度上为员工提供一个相对公平的环境。那么，具体来说，领导应当怎么做呢？

（1）一视同仁，不要搞"平衡艺术"

团队领导就是团队领导，不是封建王朝的帝王，不需要费尽心思去搞权力制衡。努力做到对所有员工一视同仁，有功必赏、有过必罚，有能力就上、没有能力就下。这样一来，员工自然会将所有心思都放到提升自己的工作能力上，而不是溜须拍马。

（2）建立统一的衡量公平的"标尺"

要让大家都用同一杆秤去衡量，即将标准统一化、公开化、透明化，并且设法让全体员工了解并认同。只有采用同样的标准去衡量，才能从源头上保证公平。

（3）及时消除负面情绪的影响

一旦出现员工自感不公平的迹象，就要及时采取措施消除影响。坏情绪具有极强的传染性，一旦有员工感到不公平，为寻求心理上的平衡，便会四处找人倾诉，负面情绪便会蔓延开来。这时，领导一定要及时与当事人沟通，以维护团队的稳定性。

总之，任何一个团队，其最大的财产就是员工。团队士气的高低，直接影响到该团队的工作效率；而公平与否，则是影响团队士气最重要的因素之一。盲目玩弄平衡，只会滋生不公平的现象，大大不利于团队的发展。因此，对于领导而言，以公平管理团队远比单纯地玩弄权术，搞什么权力分化、权力制衡要有用得多。

不讲制度就会跟你讲条件

无规矩不成方圆，任何一个团队都应当有自己的一套规矩，而这一套规矩就是公平合理的团队制度。如果团队领导带头不讲制度，不用制度管人，而是用人情管人，那么员工就很可能跟你讲条件，这样你就很难服众了，管理工作也会寸步难行。

陶华碧创立"老干妈"之初，熟人的帮忙曾给了她很大帮助。起初，因为是熟人，大家干起活儿来也不好意思省力气，平时有什么需要加班突击的任务，陶华碧可以很好地和他们沟通。但随着"老干妈"的逐渐壮大，"人情管理"的弊端就开始凸显。

不少人借着自己和老板相熟或自认为是老员工，开始不正当地为自己牟利。比如，制作老干妈辣椒酱需要大量辣椒，很多老乡就把自己种的辣椒送来。其实，这样不正规的散户并不在陶华碧的原料采购清单上，不过限于人情，她都以合理的价格收下了。

但有一次，一个老姐姐送来的辣椒被查出了小石子，这让陶华碧十分生气，由此她意识到人情要不得。后来，她就让大儿子李贵山制定了"老干妈"管理条例，开始建立"老干妈"的现代化管理制度。新制度涵盖了工作的方方面面，还设立了奖罚分明的机制，所有人都必须严格按照规章制度办事。自那之后，类似"小石子"的事便再也没有发生。

一项合理的制度，能在很大程度上调动员工的积极性，而用制度说话，则可以最大限度地保证员工不偷奸耍滑，让员工无条件可讲。只有这样，才能激发员工的潜能，同时彰显团队的公平、公正，使员工充分信任团队，相信在这里会实现他们的价值。

大到企业，小到部门，任何一个团队都应该有自己的一套制度。如果一个团队不讲制度，不能用制度管人，反而靠人情维系内部的关系，那么，结果很可能会导致员工跟领导讲条件。如此一来，且不说增加管理成本，领导本身也难以服众。

然而，当下有很多团队虽然制定了制度，但在管理中却并没有把制度当成自我规范的守则。尤其是领导，不能以身作则，不按制度进行管理考核，直接影响到制度的威严，损害了那些遵守制度的员工的积极性和创造性，降低了整个团队的工作效率。

举个简单的例子，多数人好讲人情，员工一旦犯错，老板会说"下不为例"。可是，有了第一次的"下不为例"，就会有第二次、第三次……作为团队领导，我们一定要认识到，在制度合理的前提下如果我们法外开恩，结果只能是为制度的推行埋下隐患。

因而，为了避免员工和我们谈条件，就一定要把团队的制度严格推行下去，让每个员工都能按照制度去行事，让他们无条件可讲、无漏洞可钻。那么，具体该怎么做呢？

（1）人情归人情，事情归事情，分开谈

一位干部说："我只是轻微违反规定，却受到了严厉的处罚，委屈得一晚上都没睡觉。"而他的上司却说："我在考虑是否应该按制度处罚你时，连续三个晚上都没睡好觉。"

生活中，很多领导在按照制度处理员工时难免会碍于人情，难以"下狠心"。但是，为了保证制度的威严，在不违反人类基本道德的情况下，领导还是应该坚决以制度为准。

（2）要让员工敬畏制度，进而遵守制度

作为新时代的团队领导，我们不可能像以前的奴隶主同大军阀那样拿着鞭子治理团队。相反，为了促进团队的和谐，领导还应该多跟员工交流。但是，这并不妨碍我们用制度来约束员工的一些行为。让员工害怕制度，让他们产生敬畏心，进而在工作中不轻易越过公司制度所划定的红线，这对于提高团队的工作效率、维护团队形象是有益的。

（3）制度一定要严格而明确，不能模糊

"严师出高徒"，但凡顶尖的团队都有一套严格的制度。如果制定的制度对员工的要求宽松，而且制度的条款模糊，那么团队成员就找不到依循的准则，这样的制度不仅无法激发员工的积极性，反而会诱发员工的惰性，对于团队而言危害无穷。

简单来说，在这些规章制度中，应当明确规定员工该做什么、不该做什么、做了不该做的会受到怎样的惩罚。只有做到令行禁止、不徇私情，才能真正发挥出制度应有的作用。这就要求团队领导要有铁一般的手腕，维护制度的威严，不讲任何情面。

总之，凡事以制度为准，才能最大限度地保证团队的健康运行。毕竟，军纪严明的军队总能打败纪律涣散的乌合之众。团队管理也是如此，只有建立自己的规章制度，严格执行该制度，一旦有人触犯就要受到惩罚，才能创造出稳定高效的团队来。

—————— 第六章 ——————
学会有效沟通，让团队合作畅通无阻

勇于接受别人的建议与批评

当别人的见解和看法与自己不同却更合理时，要善于接纳别人的建议、修正自己的观点。

金无足赤，人无完人。任何人都有犯错误的时候。犯错误不要紧，要紧的是犯了错误却不听从别人的建议。只有虚心接受别人的建议，才能从中汲取对自己有益的东西，取得更大的进步。

善于听从别人的建议和忠告，说起来容易，做起却并不容易。因为每个人的身世、学历、环境、性格都有所不同，这样就导致了每个人信念的异同。固执己见的悲剧，在于它阻止了成长、进步和充实自己。它使我们自认为十全十美，但事实上，世界上没有人永远的十全十美。我们的意见可能是错的，应该有"闻过则改"的雅量，只有肯听别人的想法、接受别人的建议，才能取得进步。

例如，在团队中，固执己见的管理者只会让企业走进死胡同。当今国际市场环境复杂多变，只有善于反思和调整、勇于接受别人的建议，甚至是别人的批评意见，企业才能够跟上发展的节奏。只有能够快速适应环境变化的领导者，才能带领整个企业快速前进。

在接受别人的建议时，需要注意以下几点：

（1）站在对方的角度

一定要先把自己的东西放开，站在对方的角度来思考这些建议和意见的根源，不要直接排斥别人的意见和建议。

（2）让对方说明提意见的理由

有些人在给别人提意见时总喜欢加以概括，虽然说了一大堆，但很难让人明白他具体在说什么。如果碰到这样的人，你应该客气地让他讲明提出这种意见的理由，最好能讲出具体的事件来。这样做，可以使自己更加清楚地在哪些方面还存在问题和不足。另外，还可以让无中生有的人知难而退。

（3）不要猜测对方批评的目的

在接受批评时，不应该枉加猜测对方批评的目的。如果对方有理有据，对方的批评就应该是正确的。你应该将注意力放在对方批评的内容上，而不要去怀疑对方批评的目的。如果让对方体察到了这些情况，对方可能不会再对你进行批评。久而久之，当你出现问题时，也不会有人站出来提醒你。这种结果往往是很悲惨的。

（4）不要着急发表意见

有些人性情比较暴躁，或者不太喜欢听别人的意见。这时如果有人向他们提出批评，他们的第一个反应就是去反驳。当即反驳并不能使问题得到解决，相反，可能还会使矛盾激化。当对方提出批评意见时，你应该认真地倾听，即便有些观点自己并不赞同也应该让批评者讲完自己的道理。另外，你应该很坦诚地面对批评者，表现出很愿意接受批评的态度。

善于授权，实现双赢

合理授权给下属，不仅能够激发下属的积极性，而且能还够提高下属的工作效率。

在一个现代化的企业中，作为管理组织的主要领导者，不可能也没有能力总揽一切事务。因此，在某些领域和方面，他必须把权力下放给某些下级，也就是我们所说的授权。授权是现代领导活动的重要组成部分，也是作为领导要学习掌握的领导艺术。

善于授权，是指领导必须要能够有效地将权力赋予下属，让他们更加积极地参与到企业的运作和管理上来。在这个问题上，松下幸之助的话颇耐人寻味，他说："领导以身作则可以说非常重要，但光是这样还不够，如何把工作交给部下是相当重要的一件事。把工作交给部下之后，部下必会恪尽职守，可代替上司的工作，能力甚至会超过上司。凡是拥有众多这类人的公司或集团，必定会有长足的进步。"

"水能载舟，也能覆舟"，领导若一味地将权力握在手心，不善于清点和梳理手中的权力，分不清事情的轻重缓急，事必躬亲，独自一人在企业里大包大揽，结果会在盲目的忙碌中忘记自己的角色，将大部分时间和精力无休止地消耗在本该下属处理的事情上，荒废了主业。

领导不懂得授权，不仅会把自己弄得焦头烂额，更可怕的是还会扼杀下属的进取心和创造力。领导进行科学的授权，有利于发挥下属在工作中的积极性、主动性、创造性，最大限度地激发下属的工作意识。

但是，在现实的领导过程中，不少领导对此认识不足，不懂授权、不敢授权、不愿授权、不会授权，导致企业组织要么权力过度集中（产生独裁），要么权力过于分散（各为中心），甚至权力关系混乱，严重影响到领导权威和领导活动的应有效果。现代企业制度的建立使领导活动更具复杂性和多变性，领导者个人的知识和能力已很难实现优异的领导绩效，善于授权、讲究授权艺术，已成为现代领导活动的重要特征。真话无价，要让员工畅所欲言。员工的真心话不一定都是真知灼见，但一定是肺腑之言。

世界首富比尔·盖茨鼓励员工畅所欲言，对公司在发展中存在的问题，甚至是上司的缺点，员工都可以毫无保留地提出批评、建议或提案。他说："如果人人都能提出建议，就说明人人都在关心公司，公司才会有前途。"松下幸之助也有句口头禅："让员工把不满讲出来。"他的这一做法，使工作得到了畅通发展，公司里的人际关系得到了和谐发展，实现了有效沟通。

企业员工的真话无价，但是真话难得。成功的管理者只有让员工说出他们的真心话，企业的各项管理才能做到有的放矢，才能避免主观武断而导致决策的失误。

企业管理者要想让员工说出真心话，可以从以下几个方面着手：

（1）让员工知道每个人都是重要的

在现实工作中，领导者越是能尊重员工的个人利益，员工就越是会有主人翁的工作态度。管理者要尽可能地让员工了解企业的全局，让他明白其在企业中扮演什么样的角色、企业的发展会给他带来什么，最重要的是摒弃那种"我养活了员工"的高高在上的姿态。毕竟，每个人都是在用自己的劳动赢得生存空间，不存在谁高谁一头的事实。

（2）寻找对话的共同目标

寻找共同目标可以调动员工的积极性，使其愿意听听你所关注的事。如果你尝试听取他人的观点，那么你常常可以找到办法吸收他人的观点，即使在非常敏感的谈话中也能如此。比如说，如果员工的过失使你的部门不能在最后期限前完成工作任务，这个员工当然会考虑耗损成本的增加，他也会担心生产率的下降，这样你就可以找到共同目标了。可以这样开始谈话："我有些想法，如果你认真改进你的工作方法，你就可以提高工作效率，削减几百元的成本。这个话题可能有些敏感，但我想我们谈谈，对你或许会有很大帮助的。"

（3）注意维护员工的自尊

有一项研究调查表明：凡是自尊心强的人，荣誉感和成就感也强，无论在何种岗位上都会尽自己的最大努力，决不愿落于人后。所以，作为一位明智的管理者，不仅要注意保护员工的自尊心，而且还要因势利导，采取正确的方法，将其引上积极向上的轨道，不要因为一点点工作上的失误就当众批评他，即使你非常不喜欢他。在此，须牢记一句话：维护别人的自尊，就等于维护了自己的自尊。

（4）鼓励员工充分运用智慧进行大胆创新

如果市场状况已经变化，而企业内部没有及时察觉和应变，那么原来的成功经验反而会成为阻碍企业发展的绊脚石。尽管许多员工在处理事务的时候有新的想法，但是却常常因为担心自己的革新不成熟导致失败或者其他人有看法，有话都闷在了肚子里。当大家的思维被限定得很狭窄以后，创新就会无从谈起。特别是在开会的时候，如果主持者的权威性较高，与会者是不愿意当面提出不同意见的，发表的言论自然流于应付。所以，鼓励员工充分运用智慧进行大胆创新是很有必要的。

（5）建立便于各方面交流的渠道

要让员工可以通过一些渠道提问题，诉说关心的事，或者获得问题的答复。公司鼓励员工畅所欲言的方法有很多，如员工热线、意见箱、小组讨论、与总裁举办答疑会及"开放政策"等。

（6）根据员工的不同，分配合适的工作

生产靠员工，销售靠员工，按照现代行话说：营销即人。可见，舞台对于员工而言至关重要。企业要从实际角度出发，给员工搭好能发挥其才能的舞台，即安排合适的职位。最好是安排富有挑战性的工作，赋予员工高于其实际能力的工作目标，激励其挑战自我、超越自我。当员工完成赋予其挑战性的工作后，他们就会产生一种满足感和成就感，这不仅会使个人的价值得到了实现，同时也为企业创造了价值。

（7）跳出争吵的圈子

如果你在争论中进退两难，可以试试"跳出争吵的圈子"这个简单但功效奇大的招数。可以对对方说："看来我们都想把自己的观点强加给他人。这次我们就讨论到这儿，直到找到双方都满意的解决方案再坐下来讨论。"接下来你就会看到，你的这番话最终起到了扭转局势的作用。要想成功地解决争吵和分歧，就不要再用沉默或进攻来逼迫对方接受你的观点。此外，不要坚信自己的选择是最好的而且是唯一解决问题的方案，如果事情不能尽如你愿，你就永远得不到快乐。放开胸怀，就可以接受其他的解决方案。

少说话，多做事

在工作中以少说为佳，要多听听别人是怎么说的，多去做点实际的事情。在职场中，一定要谦虚谨慎，最好是少说话、多做事。

"少说话"，是因为你的想法可能有不少漏洞或者不切实际之处，说出的话很可能会伤害到某一个人，急于求成反而可能引起别人的反感。当然，这里的少说话不是让你成为哑巴，该说的还得说，该请教同事的还得请教，否则就是木讷呆板了。你要给别人诉说的机会，而自己则应甘愿做一个好的听众。

"多做事"，勤奋努力，大家会对你留下很好的印象。当然，千万不要抢别人的事来做，这样会引起别人的反感。多做一些对他人有利的事情，比如服务性质的，能加强跟别人情感的联系。想得到大家的认可，应把自己的精力放在工作能力的提升上，去赢取别人情感上的认可，只有这样，你才能在工作中长期与大家和平共处。

其实，你只要是个有心人，可以从最基本的打扫卫生、整理文件、接听电话做起，为领导或者其他同事做些辅助性工作，比方说打印材料、填写一些简单表格等。此外，别人都推脱不干的事，自己要主动接过来做，这样就能容易融入到同事圈中，得到领导或者同事的赏识。

如果你刚到一个新单位，没有足够熟悉的朋友向你介绍单位的具体情况，你千万不要急于行动，不必急于"融入"集体中，也不必急于讨好大家，这样会适得其反。新人对工作的实际情况不太了解，言多反而自显其陋。

有的人刚参加工作，热情比较高，兴趣也较为浓厚，对工作上的事情爱发表意见，但又因经验不足而说不到点子上，只能是暴露自己的幼稚无知。所以，刚参加工作的人一定要经历一个少说多做的阶段。在这个阶段里，你可以熟悉情况、积累经验、加强学习、弥补不足，从而使你原有的理论基础与所从事的工作紧密地联系起来。到这时，你会与领导和同事建立起良好的人际关系，成为他们的一部分，你再说话则会显得有分量得多。

多做事，要求本职工作必须做好，而且还要多做，这样会让你尽可能多地了解工作中的各种现实情况及细节，避免做出幼稚的举动，也容易赢得领导和同事们的好感。没有哪个领导不喜欢那种踏实肯干、任劳任怨的下属。多做还可以点点滴滴地去积累自己的工作经验，为自己的成长、成熟并进一步做出一番大事业打下坚实的基础。

在职场中要懂得尊重领导

在职场中，尊重领导、搞好与领导的关系，做起事会顺顺利利的。

作为下属，我们一定要充分尊重领导，在各方面维护领导的权威，支持领导的工作，这也是下属的本分。

不管你在公司遇到怎样的领导，除了他明显违背法律和政策之外，你都应当无条件地服从，用尊重和服从来维护他的权威。

小刘和小徐一同进入了一家公司。小刘认真负责，办事干净利索，工作能力强，但是两年过去了，小刘还是职位依旧。小徐的领悟能力比较慢一点儿，遇到不懂的问题就问，虽然如此，工作也是兢兢业业，后来小徐得到了升迁。

原来，小刘认为自己能力强，经常在公开场合顶撞上级，让上级的尊严当众受损，而小徐总是虚心地向领导求教、尊重领导的决定。

只要尊重领导，领导就会对你有一个非常好的印象，你与领导之间也一定会建立起和谐融洽的上下级关系。这种关系的确立对一个人来说很重要，它可能关系到你日后的职业发展。但是，在职场中，经常有人不知道该如何尊重领导，他们认为只要不得罪领导就行了，致使他们得不到提拔或者重用。

作为下级要自觉尊重领导，见了领导的面要首先上前打招呼，把自己分内的工作漂亮地完成，及时向领导汇报自己的工作情况，与自己的领导有了矛盾不要当面顶撞他等，这样才可以取得领导的信任，才能获得领导在工作方面给予的帮助。

对领导应当尊重，但不可盲目顺从。

顺从领导，说的是无论正确与否都应无条件地听从领导的指令、安排和意见，无原则地执行其命令。这是下属对"尊重领导"的误解，反映的是下属不健康的心态，及下属对领导的迎合和奉承。

要做到尊重领导，就要端正态度，做到尊敬不怠慢、重视不轻视、积极不消极；就要把握角色定位，说话要有分寸，不要当众让领导下不了台。

上司发火时不要当面顶撞

上司也是人，也有心情不好的时候，有时难免会发火。作为下属，当面顶撞上司的发怒行为是不理智的。

李强在一家商贸公司工作。一天，公司经理由于与外商谈判进行得非常不顺利，本来谈妥的事情又中途变卦。当他怒气冲冲地回到办公室，见到办公室乱七八糟，心情更加烦躁，不分青红皂白就大骂了起来。此时，李强正在不紧不慢地看报纸，以为领导是冲着他来的，加上平时就觉着领导好像对他有意见，心想：自己的工作做完了，看会儿报纸还挨顿骂，于是就与经理争吵了起来。另一位同事连忙过来，向经理问明了情况，经理此时也有些醒悟过来，直言对那位同事说："心情不好，不好意思。"但对李强却悻悻然，感到李强不懂事儿。

在领导发火时，要么采取不理不睬的政策，要么就主动上前给他分忧解愁，切忌不可当面顶撞，那样是最不理智的。

因为如果你敢当面顶撞上司，会让上司非常难堪，也会有人学你的样子继续去和领导对着干，长此以往，领导就没有什么威信可言了。另外，我们也应当考虑这样的问题：你敢顶撞你的上司，你的下属也会和你顶撞，这样你会有什么感想？所以，即使领导再不对，也要讲究方式方法进行沟通、解决。

当然，公开场合受到不公正的批评、不应该的指责会让自己很难堪，特别是当你觉得上司的指责很没有道理的时候。在周围同事众目睽睽之下，你可能会为了自己的面子而失去冷静，反驳上司的批评以显示自己的无辜。这样的一时快意"英雄"壮举，换取的可能仅仅是同事的一丝同情，留给上司的却是加倍的震怒和斥责，最终受害的还是你自己。

俗话说："忍一时风平浪静，退一步海阔天空。"把上司的一顿责骂就当成是一场暴风雨，风暴过后自会平息，你又不曾损失什么，何不审时度势，选择回避。一名合格的下属就要学会压制自己的情绪与冲动，理智地看待是非，特别是在上司面前。

你可以一方面私下耐心做些解释，另一方面用行动证明自己。当面顶撞可是不明智的做法，既然你都觉得自己下不了台，那反过来想想，如果你当面顶撞了上司，上司同样下不了台。如果你能在上司发威风时给足他面子，起码能说明你大气、大度、理智、成熟。只要上司不是存心找你的茬儿，冷静下来他一定会反思，你的表现一定会给他留下深刻而难以磨灭的印象，他的心里一定会对你有歉疚之情。

另外，要想避免顶撞上司，平时可以寻找自然活泼的话题，令上司有机会充分发表意见，你可以适当地做些补充，提一些问题。这样，上司便能自然而然地认识到你的能力和价值。不要用上司不懂的技术性较强的术语进行交谈，否则上司会觉得你在故意难为他，也可能觉得你的才干对他的职务会造成威胁，从而对你产生戒备，有意压制你。

毫无怨言地接受任务

毫无怨言地接受任务，就是不找借口，快速认真地依从上司的指令完成任务。

相信你一定遇到过这样的问题：自己整天忙忙碌碌、忙前忙后，可是就没人注意到你。自认为工作能力强、很有见解，可总是得不到上级的赏识。其实，从某种意义上来讲，导致这种情况的原因有很多，所以就需要从许多方面来改变这种状况。社会在发展，公司在成长，个人的职责范围也随之扩大。不要总是以"这不是我分内的工作"为由来逃避责任。当额外的工作指派到你头上时，不妨视之为一种机遇，毫无怨言地接受任务。

人不要太斤斤计较。因为你在一个地方付出了，就一定会在别的地方得到回报。

例如，在职场中，一个公司的成功要靠全体员工的努力，你要毫无怨言地接受任务。最完整的人事规章、最详细的职务说明书，都不可能把人应做的每件事讲得清清楚楚，有时会临时出现一些事，下属会临时接受一个工作任务。假如公司一位重要的客户要过来，为表诚意，公司要派人去接他，这是临时的事情，如被委派的人是你，假如你说："凭什么要我去？我已经下班了，当时我来时，你们也没有讲过要这样做？"那只能证明你这个人爱斤斤计较，你在一个单位里是很难出头的。你一口答应、一肩挑起，而且要毫无怨言。有时候上级也有难处，这种任务如果你毫无怨言地去做，你的上级会非常感激你，他即使当时不说，也会利用另外的机会表扬你、奖励你、回报你。

应把上司给你下达的任务看成是上司的考验和栽培，这也是表现你工作能力的时候。不管你接受的工作有多么艰巨，你都要学会苦中求乐。即使是鞠躬尽瘁也要做好，让上司满意，千万别表现出你做不来或不知从何入手的样子，这样上司会认为你没有能力、重用不得。

例如，一家公司推出一种新产品，需要销售人员配合市场人员，到第一线去了解客户对新产品的使用情况、需求状况和满意度，以及竞争对手的反应，并调查是否有替代品的出现等信息。然而，销售人员一个个消极怠工，根本不按公司的要求去了解和收集信息，并振振有词地说："我们的工作就是销售产品，如果花时间在收集市场信息上，那销售任务该如何完成？"

销售人员最主要的任务是销售产品儿，这一点没错。但绝不是蒙着眼睛瞎撞，而要"眼观六路，耳听八方"，随时掌握市场、客户、竞争对手的情况，并有义务和责任将这些信息第一时间反馈给公司，使公司及时调整和制定策略，以应对市场变化，从而有效地促进销售工作。毫无疑问，公司制定的任何策略、下达的任何任务都是有指向、有目的、有原因的。如果在实施每个任务前下属都不能痛痛快快地去落实，公司的计划就无法实施，目标就不能实现。

在上下级的关系中，下属毫无怨言地接受任务是天经地义的。不讲条件，不问原因，不计较报酬，不折不扣地落实完成；无论遇到什么困难，遇到多大阻力，都应恪尽职守，想尽一切办法达到目标。下属服从上级的安排，是上下级开展工作、保持正常工作关系的前提，是融洽相处的一种默契，也是上级观察和评价自己下属的一个尺度。所以，作为下属，当上司下达给自己任务时，应当毫无怨言地接受。

不给自己找任何借口

"没有任何借口"，是沟通中最有效的语言，也是激励自己最有效的语言。

西点军校中有一个广为传诵的悠久传统，就是遇到军官问话，只有四种回答："报告长官，是！""报告长官，不是！""报告长官，不知道！""报告长官，没有任何借口！"除此之外，西点军校的学生不能多说一个字，这才是最有效的沟通方式。有统计表明，第二次世界大战后，在世界 500 强企业中，西点军校培养出来的董事长有 1000 多名、副董事长有 2000 多名，总经理、董事一级的有 5000 多名，任何商学院都没有培养出这么多优秀的经营管理人才。

"没有任何借口"是西点军校奉行的最重要的行为准则，它强化的是每一位学员想尽办法去完成任何一项任务，而不是为没有完成任务去寻找任何借口，哪怕是看似合理的借口。其目的是为了让学员学会适应压力，培养他们不达目的不罢休的毅力。它让每一个学员懂得：工作中是没有任何借口的，失败是没有任何借口的，人生也没有任何借口。

在做事方面，不给自己找任何借口看起来有点缺少人情味，有点虐待自己的感觉，但这的确可以激发一个人的潜能。无论你是谁，无论你做的是什么事，失败了也罢，做错了也罢，都不需要为自己找任何借口，因为再妙的借口对于事情本身也不会有什么改变。相反，不给自己找借口，可以让自己拥有毫不畏惧的决心、坚强的毅力、果断的执行力，以及在限定时间内去完成一项任务的信心和信念。

平时不要抱怨外在的一些看起来对自己不利的条件，要知道，当我们抱怨的时候，实际上就是在为自己找借口。找借口的唯一好处就是可以安慰自己："我做不到是可以原谅的。"但这种安慰是有害的，它会暗示自己："我克服不了这个客观条件造成的困难，算了，我放弃了。"在这种心理暗示的引导下，人就不再去思考克服困难和完成任务的方法，哪怕是只要改变一下角度就可以轻易做到的事情。不给自己寻找借口，是获得成功的必备心态。

但是，在生活和工作中我们经常会听到这样或那样的借口。借口在我们的耳畔窃窃私语，告诉我们不能做某事或做不好某事的理由。上班迟到了，会有"路上堵车""手表停了""今天家里事太多"等借口；业务拓展不开、工作无业绩，会有"制度不行""政策不好"或"我已经尽力了"等借口；事情做砸了有借口，任务没完成有借口。只要用心去找，借口无处不在。做不好一件事情、完不成一项任务，有成千上万条借口在那儿等着你。借口就是一张敷衍别人、原谅自己的"挡箭牌"，就是一副掩饰弱点、推卸责任的"万能器"。有很多人都把宝贵的时间和精力放在了如何寻找一个合适的借口上，而忘记了自己的职责和责任。

在遇到问题或接到任务后，我们不应当寻找各种推脱的借口，应该大声说："我没有任何借口！"这一句话，胜过了与人沟通或争辩的千言万语。

——— 第七章 ———

讲团结促和谐，打造坚强有力的团队

做一个懂得尊重他人的人

在团队中，你肯定希望自己能够成为那个受所有人尊敬的人，而当你希望获得他人的尊敬时不要忘记：尊重是一种相互的行为，你敬我一尺，我敬你一丈。每个人都有自尊心，如果你渴望得到别人对自己的认可与尊重，建立和谐的人际关系，那么你首先要学会尊重别人，使他感受到自己重要，这样别人也会对你的善意和真诚给予回报。无论何时何地，尊重别人就是在为自己减少一个对手、增加一个朋友。

从前，有一个国王为了打败敌国的军队，只得求助于一个巫婆。巫婆答应帮助国王，条件是要嫁给国王的弟弟———一个骑士。但是这个巫婆又老又丑，还驼背，嘴里面全是脏话，令人感觉很厌恶，但是，国王的弟弟为了国家的利益也答应了巫婆。在一个风和日丽的白天，他们的婚礼举行了，巫婆丑陋的外表和没有教养的言谈举止令所有的宾客都感到不舒服。

但是国王的弟弟没有一点厌恶之意，他对巫婆说："我尊重我的诺言，同时我也尊重你的习惯。"巫婆很高兴。

到了晚上，国王的弟弟进入他的卧室，他看见了一个温柔漂亮的女子，原来这就是巫婆真正的样貌。她说："因为你尊重我的感受，所以我也尊重你的感受，我会有半天的时间恢复我真正的样貌，但是你希望我白天还是晚上恢复呢？"

骑士思索良久说："无论你选择什么时候变回你真正的样貌，我都尊重你的选择。"

巫婆回答："既然这样，我决定从今以后都用这样美丽的一面去面对你和别人，无论是白天和黑夜。因为你尊重我的感受，我也尊重你的感受。"

看重别人，尊重别人，能把自己的对手变成好朋友，就能化害为益、变坏为好，就能把遭遇变为幸运，就能把坎坷变为通途。看重别人也就是看重自己，给自己机会，给自己的成功打开大门。尊重他人是一种美德、是一种高尚的情操。只有尊重他人，才能获得他人对你的尊重。所以，尊重他人也就是尊重自己。

在团队中，每一个人都是有自尊心的。在与大家的交往中，更应该相互尊重。即使同事有什么做得不到位的地方，也应该谅解。在与别人相处的过程中，只要相互能够多给对方一些尊重和理解，双方的感情也就会越处越深，团队的凝聚力也会越来越强。

当然，要想让他人感受到你对于对方的尊重，让团队中的每个人也能同样给予你尊重，那么就不能光是靠嘴上说说，而是要在行动中加以体现。

第一，真正做到尊重他人，就要善于站在对方的角度，感同身受，推己及人。比如，在别人讲话、发言时，要注意倾听；在团队里要注意自己的形象，蓬头垢面、衣冠不整不仅有损自己的形象，也是对他人的不尊重。

第二，学会守时。和别人约好时间做什么，准时赴约。守时是对他人的尊重，也是自我品德的体现。一个守时的人更受团队的欢迎。

第三，尊重他人，就要善于欣赏、接纳他人，不做有损他人人格的事，由衷地欣赏和赞美别人的优点、长处，允许别人有超越自己的地方，对别人与自己不同的地方、不排斥、不藐视。尊重他人的劳动成果。

第四，尊重他人的意愿。尊重别人的意愿和想法，凡事不要强迫别人。尤其是当同事的想法跟自己的想法发生冲突的时候，不要强行将自己的想法强加到别人身上，要学会尊重别人的意愿。

第五，尊重他人，就要对于他人的缺陷、缺点能够做到不取笑、不歧视，包容他人的错误，并且真心帮助对方去弥补过错。

能够赢得别人尊重的人，他同时一定也是一个懂得尊重他人的人。在团队中对每一个身边的人表现出足够的尊重，那么你就很有可能成为这个团队中最得人心、最受人欢迎的"香饽饽"。

营造和谐的人际氛围

在一个团队中，工作中能否产生足够的合作默契、能否拥有足够的凝聚力，很大程度上依仗着团队成员之间的人际关系是否融洽。试想，在一个团队成员彼此间整天就是争吵、猜忌的团队，怎么可能拥有所谓默契和凝聚力呢？而如果在一个团队中的每个成员都互敬互爱，像家人一样相互关心、嘘寒问暖，那么这样的团队无论面对怎样的困难也一定能够众志成城、攻克难关。

而要想营造出和谐的团队人际氛围，让每个团队成员做到互敬互爱，那么就必须从以下几个方面着手。

首先，从团队成员本身出发。在日常工作中，每个团队成员都应该尽量让自己做到"五个经常"，从而提升团队成员间的熟悉度和亲切感，进而在这种潜移默化的培养中逐渐形成工作中的默契与信任。

所谓"五个经常"，一是指常议热点。对于团队中出现的热点事件或热点问题，团队成员可以组织讨论发表各自的意见，在讨论中彼此增进熟悉程度，同时也能对各自的性格特点与价值观、人生观有一定的了解。

二是常拉家常。团队成员间应主动拉话聊天，不过分地走近对方的生活，及时发现周围团队成员工作、家庭的困难，合力帮助其解决后顾之忧。

三是常提建议。在参与团队建设、管理等工作中，团队成员应该畅所欲言，提出合理化建议。通过这样的方法，一方面能够在团队中展示自己的才华，另一方面也能够让自己更加自信，更愿意与其他团队成员接触、交流。

四是常有活动。团队成员间可以利用休息时间组织集体活动，例如团队内部的体育竞赛、野外拓展训练、集体聚餐等。这样的集体活动往往气氛轻松、愉快，并能够达到在活动过程中互相了解的目的，是一种十分有效的沟通手段。

五是常树典型。对每年各类评比、劳动竞赛中的优胜者，平时重难危急工作中涌现出的好员工，每个人都应当发自内心地积极向其他人传播他们的光荣事迹。而作为团队中的优秀成员，应当主动与他人谈心得体会，面对面地与大家交流，让大家都能够为之感染，形成先进的示范效应。

其次，除了团队成员层面外，要想形成良好的团队氛围，团队管理者也有着至关重要的作用。

要对优秀的员工给予肯定，对于工作失误的员工进行良性开导、鼓励。上级的任务下来后，我们所有人都会有压力，除非他将要离开这个团队。所以，对于在工作中表现优秀的员工，管理者要给予肯定或是物质表扬；对于工作中比较吃力的员工，同样要经常给予鼓励，引导他们做好工作，使团队中人人都能学习，人人都能受到领导的关注、引导。这样的团队，想不优秀都难？

作为管理者，要先做好自己的工作。因为管理者如果自己的本职工作都做不好，怎么带领大家、怎么让人家信任呢？领导者平时的表现对于员工的表现起到了至关重要的作用。比如，大家都在努力工作，而领导者却在玩游戏，这样很容易让团队成员失去工作的信心，心中难免会产生不满情绪。所以，管理者作为团队的领导者，必须能够起到表率的作用。

再次，管理者学会控制自己的情绪也很重要。每位员工的工作已经很繁重了，如果作为管理者再给予他们情绪上的打击，只会起到不好的效果。如果管理者控制不好自己的情绪，对于团队的建设是没有好处的。

最后，经常关心自己团队成员的工作和生活。如果你哪天发现有个成员上班情绪不好，可以单独找他聊聊、关心一下，是什么原因导致的，是工作还是家庭或者是情感等问题。当然，可能你不能给予太多的帮助，但是仍然要像个知心朋友一样给予他更多的关心和理解。如果是工作上的问题，就要多给予鼓励，多鼓励他的优势，对于弱势，我们可以进行培训，给予加强，从而让他感觉自己并没有被人忽略。

和谐的团队氛围是靠团队中的每个人共同努力创造出来的，并不是员工或是团队管理者单方面就能够做到的。只要大家齐心协力，共同为建立一个和谐的团队人际氛围而努力，做到互敬互爱，那么这个团队就一定能够在一片祥和的氛围中稳步前行。

要学会给别人留面子

中国人自古以来就十分爱"面子"，尤其是职场人。俗话说："士可杀不可辱。"也许在现如今，面子已经不至于比生命更加重要了，但是在大部分人心里它依然有着举足轻重的地位。因此，只要你还在一个团队中与他人合作工作，那么就请永远记住：无论自己有多优秀，也千万记得给别人留些面子，这样你才会被人所尊敬，才有人愿意与你合作，而在工作中你也才能少碰钉子，少受到人为的阻碍。

古代有位大侠名叫郭解，威名赫赫。有一次，洛阳某人因与他人结怨而心烦，多次央求地方上有名望的人士出来调停，但对方根本不给这些有名望的人士任何面子。后来他找到了郭解，请他来化解这段恩怨。

郭解接受了这个请求，亲自上门拜访委托人的对手，对方慑于郭解的威名，也感于郭解的用心，就同意了和解。照常理来讲，郭解已经达到了目的，皆大欢喜，可以走人了。但是郭解并没有因为对方给了自己面子就沾沾自喜，反倒有些担心。他对那人说："这个事，听说许多当地有名望的人调解过，但是你都没有同意。这次我很幸运，是你给了我面子，了结了这件事。但我在感谢你的同时，也为自己担心，毕竟我是外乡人，在本地人出面不能解决问题的情况下，由我这个外地人来完成和解，难免使本地那些有名望的人感到丢面子。所以请你再帮我一次，等我明天离开此地，本地几位名流还会上门来求得和解，你就给他们面子吧，听从他们的劝说，要做到让他们以为我出面也解决不了这个问题，算是成全他们的一番美意，拜托了。"

经过此事，郭解的名气更大了。

倘若郭解不这样做，而是自以为了不起，让当地的名流面子全无，那当地的名流还能容得下他吗？人活脸，树活皮，不给别人留面子，总有一天也会被别人扫了面子。给别人留面子，其实就是给自己留余地。所以，即使自己很优秀，也千万记得给别人留些面子，这样才会被人尊敬。

中国人比较爱面子，我们无论做什么事都会考虑到自己的面子。"面子"到底是什么东西呢？面子说白了就是尊严。谁都希望自己在别人面前有尊严，被人重视、被人尊重。因此，我们与人交往，在为自己争得面子的同时也别忘了给别人也留些尊严，这一点非常重要。

现代著名诗人柳亚子吟诗作文，很受人们的欣赏，他的书法流畅奔放，但却很潦草，甚至不易被人所识。书画家辛壶不直说柳亚子先生的字迹潦草，却委婉地说柳亚子先生的字是"意到笔不到"，含蓄，风趣，使柳亚子先生极为佩服。

这样婉转的表述，就是为了给对方留面子，就是给对方一个下台的阶梯，避免形成僵局。婉言能够巧妙地表情达意，既能让对方听出弦外之音，又不伤彼此的和气，我们何乐而不为呢？

每个人都有自己的"脸皮观念"，这关系到自己的尊严和地位，但总有一些人没有想到这些，常常无情地剥掉别人的面子，既伤害别人的自尊心，又抹杀别人的感情，却还自以为是。扪心自问，若别人这样对你，你心里会好受吗？

所以，在职场、在团队中，和大家一起共事，朝夕相处，一定要学会给别人留面子。这不仅是给自己留余地，更是为自己建立一个良好的社交关系，为自己将来的路打好基础。需要掌握的主要就是什么时候该用什么样的方法能既给他人留有足够的面子，同时又能给对方传达同样准确的信息。

（1）批评他人时要委婉。

人都有做错事的时候，错了需要有人指出来，甚至需要领导来适当批评，以提醒和警示下次不可再犯同样的错误。在批评的时候，最需要我们给对方留面子，不可恶言厉色，而是需要婉言相劝，更容易被对方接受，也更容易起到警示的作用。就像前面我们所说的柳亚子。婉言能使批评在轻松愉快中进行，收到"直言"所收不到的效果。

（2）遇到分歧避免"心直口快"。

时下仍有不少人视"心直口快"为美德，即使因言语不当而产生矛盾，他们也每每以"我说话只会直来直去，不会拐弯抹角"为理由替自己开脱。殊不知，这"心直"固然可嘉，但"口快"却未必值得称道。委婉而不失尊重、不令对方难堪的表达，更容易被对方接受，也会让你自己更受欢迎。如果我们能够区别不同情况，该直说的时候直说、该婉言的时候婉言，这样不但可以消除许多不必要的烦恼，而且还可以"化干戈为玉帛"，增进彼此之间的友谊和团结。

（3）表达拒绝时要和气。

要拒绝别人，首先要求拒绝者的态度要和蔼。尽可能不要在别人开口请求时就给予拒绝，最好不要对他人的请求迅速反驳，或流露出不快的神色，更不要藐视对方，坚持完全不妥协的态度，这些都是不妥当的。我们应当以和蔼可亲的态度诚恳地应对别人的请求。

拒绝对方要开诚布公，明确说出拒绝的原因。当你拒绝对方时，不要采取模棱两可的说法，令对方摸不清你的真实意思，从而产生许多不必要的误会，导致彼此关系的破裂。

拒绝时不要伤害对方的自尊心。当对你有恩的人来请求你做事时，确实非常难以拒绝。但是，只要你能尊重对方，真诚地讲出自己的难处，相信对方也是会理解的。

拒绝对方，要给对方留一条退路，也就是给对方留面子。你必须自始至终都很有耐心地把对方的话听完，当你完全听完对方的话后心里应该会有主意，这时再来说服对方，就不会使对方难堪了。

若要对付的是一个很难缠的人，拒绝他时最好避免视线直接接触，选择位置以斜、横为佳。如果很有把握能够加以拒绝的话，则只管与对方面对面坐下。当你选择地点来拒绝对方时，还要考虑到时机的问题。有时候，拖延一段时间，审慎选择机会，会使原来紧张的局面完全改观，这也是一种拒绝的技巧。

（4）轻松介入敏感话题。

在人际关系中，有些话题是比较敏感的，比如钱财问题，如果员工想让老板加薪，把话直接说出来难免会影响个人在老板心中的形象，弄不好还会丢掉饭碗。当然，在说这些敏感的话题时绕得太远或太过含蓄也不好，老板可能会装作没有听懂。你既要直接表达意思，又不能说得太直白，这个时候，可以借助轻松的幽默，在说说笑笑之中有效地传达信息。

无论在什么时候，给你的团队伙伴留三分面子，实际上就给自己留有了很大余地。给他人留面子，不仅仅是对对方的尊重，同时也是让自己在为人处世中避免出现不必要麻烦的智慧之举。

做事不要过分外露自己的能力

俗话说"满招损，谦受益"，才干出众而又爱好自我夸奖的人必定会导致他人的恶感，暗中吃大亏而不自知。有矛头也有气魄，在特定的场所显示一下自己的锋芒是很有必要的，但是如果太过，不仅会刺伤别人，也会伤害自己。做大事的人，过分外露自己的能力只会招致他人的嫉妒，导致自己的失败，难以取得事业上的成功。更有甚者，不仅因此失去了前程，还会累及身家性命。所以，有才华要含而不露，对他人不可过多责备和批驳。

小常是公司新晋的业务经理，人很有才，销售技巧高，故而他的业绩在全公司里是最好的。然而他年少气盛，不太懂得谦虚，有了成绩就很自得，对别人指手画脚，尤其是对手下的客户服务人员。

而这些客服人员都是团队里的重要人物，小常的晋升也与他们的支持密切相关。刚开始的时候，小常的客户打来电话，客服会立刻进行售后服务。但是因为小常动辄说："是我给你们的饭碗，不然你们都要饿死了。"要不然就是说这些客服人员服务不好，他的客户向他投诉等等。客服人员对他的所作所为很不认同，工作上也就不那么配合了。小常的客户打来的电话，客户服务人员都是能拖就拖、一拖再拖。因为后继服务不到位，小常的客户渐渐流失，续单率异非常低，本来属于他的客户也都让其他业务员抢走了。没过多久，小常的业绩就下滑到了末位。

小常本来在职场上顺风顺水，但是由于他居功自傲、道德不修，即使是亲密的同事也逐渐讨厌他，离他远去。人生处在顺境时，最忌得意洋洋、趾高气扬。

所以，当获得了一点点成功或是得到了团队一定程度的认可后，时刻要提醒自己不要志得意满。同样，在遭遇失败时也莫赌气，否极泰来，失败的后面可能就是成功，在遇到挫折时，咬紧牙关，坚韧自强，走出逆境，最终必定会雨过天晴，前途一片光明。

在实际工作中，有些人因为顺境连连而愈感快慰，愉悦之情不断表露于脸上，然而，不能光是兴奋，应当想想怎样才能持续保持上升的状态，让成功接踵而来。希腊有名的雄辩家戴摩斯说："维持幸福，远比得到幸福艰苦。"同样的道理，好业绩来得不易，但更难得的是如何坚持好业绩。在你成功之时，你最多只能愉快五分钟，因为你若不尽力，第六分钟就会有人赶上你，甚至超过你。

如果你发现自己被上司晋升或褒奖的时候，经常会沾沾自喜，那你就要好好学一番修养的功夫了，把你那因获得成绩而引起的过分兴奋压下去。在你没有到达心中既定的目标之前，半途的一些成功真可以说是微不足道的小事。也许你在接手一项重大任务时，一着手就大受别人称赞，但你必须对他们的褒奖付之一笑，仍然埋头苦干，将暗藏在心中的大目标实现。

与同事要保持适当的距离

对于每个身处职场中的人来说，每天与谁在一起时间最长？既不是亲人也不是朋友，而是同事。同事与自己在办公室面对面、肩并肩，同劳动、同吃喝、同娱乐。因此，与周围的同事尤其是自己团队中的伙伴如何维持最恰当的关系就成了很多职场人的必修课。

同事之间要想保持和谐的关系，重中之重就是保持彼此之间恰当的距离。距离过近容易导致不必要的麻烦和对方的防备心，而过远的距离又不利于双方进行深层次的沟通交流。

在团队中，同事之间的距离如何把握并不是一件简单的事情。毕竟同事跟朋友不同，朋友志趣相投，可以互相打趣，彼此信任和忠诚。而同事则不同，一般来说，同事之间有着太多利益上的牵扯，同事之间的关系是既合作又竞争。何况每个人都有自己的生活，不要忘了给彼此保留一定的"私人空间"。因此，在与同事交往过程中不可抱有过高的期望值，否则很容易惹麻烦，甚至受到伤害。同事关系，说远不远、说近不近是最佳状态。要避免撞车，就要注意车距。那么，要如何与同事适当保持距离呢？

第一，要真诚。爱人者，人恒爱之。同事之间相处，真诚是最基础的条件，尔虞我诈、互相欺骗、虚伪敷衍的做法是对同事关系的亵渎。真诚来自内心，写不到脸上也伪装不得，这世界上没有无缘无故的爱，也没有无缘无故的恨，所以要想让同事喜欢与你交往，前提是你要真诚地对待同事，并以承认他们的价值为前提。

第二，不泄露同事的隐私。若有同事将他自己的隐私告诉你，那说明他对你信任，你们的友谊肯定要超出别人，但要求你能把好"口风"，做到不泄露同事的个人隐私，否则你不仅会辜负同事的信任，而且也会招致同事的怨恨。随便把同事的私密讲给别人听，其他同事也会对你心存戒备，如此一来，你在职场上将很难找到跟你推心置腹的人。

第三，牢骚怨言要远离嘴边。在职场中有这样一些人，不分时间不分场合，总是牢骚满腹，逢人就大吐苦水，像祥林嫂一样唠叨不停，让其他同事苦不堪言。既然你对目前的工作如此不满，为何不跳槽，去另谋高就呢？而且，你的牢骚一旦传到上司耳中，以后在公司的日子肯定也不会好过。因此，与同事相处要谨言慎行，学会做个聆听者。

第四，切忌随意伸手借钱。同事间会经常聚餐游玩，采用 AA 制是最好的处理方法。这样不但大家心里没有负担，经济上也都承受得起。另外，在万不得已的情况下切忌随意向同事伸手借钱，即使借了钱也一定要记得及时归还，否则不仅会引起同事的不满，更会有损你的信用，如此就因小失大了。

第五，保持与异性同事的距离。与异性工作交往中一个很重要的原则就是：对异性采取大方、不轻浮的态度，其中包括行为和言语两方面。以尊重对方是异性工作伙伴的态度来处理办公室中的一些事务，将会使某些复杂的事情变得简单一些。

小清刚刚参加工作不久，就跟本部门的同事像亲人似的黏在了一起，这让小清备感充实。小清感叹，谁说工作以后不容易交到朋友。既然是朋友，自然无话不说，尤其是发牢骚的时候。变态的大老板、偏心的二老板、马屁的他、无知的她，听者点头称是，英雄所见略同。谁人背后不说人，小清从不觉得自己有什么不对。然而，没过多久，小清的宏论陆续辗转，从各个渠道传到了当事人耳中，有的对他怒目而视，有的偷偷给他准备了"小鞋"，有的干脆以牙还牙。小清惊诧、愤怒，最后是伤心，却发现伤心都找不到理由，同事是你的，也是大家的，有仇必报，有什么错？

吃一堑长一智，小清从此逢人说话就注意了，不把心里的事都告诉大家。慢慢地，小清有了几个知己，还有了一位已婚的红颜知己。没想到知己之间日久生情，一场轰轰烈烈的婚外恋情展开，最后的结果是两败俱伤。

经过这两件事情，小清终于明白同事之间要适当保持距离，太过亲密只会惹来祸端。

"君子之交淡如水"，古人已经意识到朋友之间要有"淡如水"的距离。同事和朋友一样，太过亲密反倒更容易产生摩擦和碰撞，还容易给对方带来心理压力。距离产生美在很多时候都是一句不变的"真理"，夫妻之间尚且需要维持距离，更何况同事呢？

与同事保持一定的距离有很多好处。不远不近，恰到好处，既能让同事觉得你可亲可近，又会觉得你比较安全，不会影响到自己的生活，还会觉得你有人格魅力，容易把你当作知己，当你有了什么困难也愿意尽一点绵薄之力。

那么，和同事保持一定距离的最佳方法是什么？

首先，自己的人格要独立，而不是处处依赖别人的赠予。自己的事情自己要做好，尽量不要麻烦别人。别人需要帮忙的时候一定不要吝啬伸出援手，但行为要有一定界限，不要总是突破界限。

其次，与同事交谈要把握好分寸。言多必失，在与同事保持安全距离的同时务必管好自己的嘴，一定不要和自己最亲密的同事议论对公司或者某人的不满。

第三，多一些容忍和宽让，少一些嫉妒和计较。同事之间很多时候除了是合作伙伴关系，还是潜在的竞争对手：当你们目标一致时，同事是你最亲密的战友；而当你们之间的利益发生冲突时，这种关系就会得摇摇欲坠。所以，自己要放平心态，把同事当成亲密的伙伴来看待，多忍让宽容，少嫉妒使绊，关系会更好。

第四，少打探或是共享各自的隐私。每一个人都有隐私，既然是隐私，就不想让别人知道得太多。所以，平常应少打探同事的隐私，更不要谈论同事的私事，放弃八卦心，绝对不要在背后议论同事。有话当面说，千万别背后说。自己的隐私也要学会保护，不要大嘴巴四处乱说。

不要放大别人的缺点

每个人身上都有缺点，自然也都有优点。用放大镜看同事的缺点，还不如用欣赏的眼光看同事身上的优点。应欣赏同事的优点、包容同事的缺点，千万别用放大镜去看他人的缺点，那样是最小气而愚蠢的做法。面对别人的缺点也能大度包容，才是真正大度的人、受别人尊重的人。

在一座偏僻的山庙里住着一个和尚，他靠自己种菜和四周乡亲接济的零星香火为生。一个飘雪的冬夜，他非常饥饿，于是趁着月色外出化缘。

回来的时候，他却发现雪地里有一排歪歪斜斜通向自己庙里的脚印。他好像预感到了什么，急忙赶回庙里，发现一个小偷正在翻箱倒柜，可是老和尚实在是太穷了，小偷一无所获。小偷正要离去，却发现老和尚微闭双眼坐在庙门前，老和尚双掌合十说："施主，你走了那么远的路来看我，谢谢你了，可我没什么好东西招待你。"说完，老和尚用手扒开一个土堆，取出一包东西交给了小偷，说道："施主，你带着上路吧，这是我化缘留下的四个活命的红薯。"

小偷低着头，接过那四个红薯跑了。第二天早晨，老和尚醒来，突然发现在庙门口整整齐齐地放着四个红薯。他脸上露出了笑容，自语道："真是个善良又懂得回报的好人！"

如果你也能像这个老和尚一样以纯净的包容之心来对待团队中的每个人，那么你就一定不会去放大同事的缺点。放大他人的缺点只会招来怨恨，让你失去伙伴，失去本应有的拥护者。

人都是天生的批评家，各有各的认知和看法。如果你觉得一件事或一个人不好，你能找出一千个缺点；同样，如果你觉得一件事或一个人好，你也能找出一千个优点。同样的人或事，仅仅因为视角不同，就会得出完全不同的结论。世界到底怎么样，完全是由自己的眼光决定的。当你用挑剔的眼光看世界时，看到的是一片灰暗；当你用欣赏的眼光看世界时，看到的会是无限精彩。你尊重别人，别人也就尊重你；你欣赏别人，别人也就欣赏你；你帮助别人，也就是帮助自己，与人方便其实就是给自己方便。"你敬我一尺，我敬你一丈""汝爱人，人恒爱之"也就是这个道理。

用放大镜来看待优点，而不是缺点，就能培养我们欣赏他人之心。欣赏与被欣赏是一种互动的力量之源。在生活中，每个人都渴望得到别人的欣赏，同样，每个人也应该学会欣赏别人。欣赏别人是一种美德，而被人欣赏则是一种承认。欣赏别人的潇洒，能提高自己的风度；欣赏别人的高谈阔论，能提高自己的口才；欣赏别人的作品，能开阔自己的视野和胸怀。用欣赏的眼光看人待事，往往能主动适应环境，并能取人之长补己之短，最终与集体相融、跟大家打成一片；反之，则会陷入被孤立和厌弃的境地。

每个人身上都有优点和缺点，你用放大镜去看优点，看到的将是一个最值得你欣赏的、满身优点的人。如果你用放大镜对准缺点再去看，每一个人都有一大堆缺点，让你看不到一个优秀的人，你选哪一个？

哲人说："世事就是一面镜子，你对着它怎么样，它就对你怎么样。"你用放大镜去看别人的优点，你会看到团队里的人宽容、善良、厚道、正直、忠诚、勤奋、努力、向上，别人看你也会是如此。"我见青山多妩媚，料青山见我亦如是"，你用放大镜看别人的优点，别人也会看到优秀的你。

每个人都有缺点，放大别人的缺点，让别人失去尊严，你就会失去一个朋友。给对方台阶下，用你的真诚让对方感觉信任，坦诚你的见解，指出他的缺点，让他改正，你便会赢得更多的知心朋友，而不是时刻想要伤害你的敌人。

人人都要懂得分享

一个团队之所以比个人具有更强大的力量，很大程度上就是由于团队中的资源可以实现最大化分享，让资源得到了最充分的利用，让每个人都能通过分享得以获得巨大的提升与帮助，从而给团队带来更强的合力。

然而遗憾的是，在目前竞争激烈的职场环境中，有不少员工以保护个人力量为基本出发点，当技术上取得突破、工作上有所体悟时，总是不愿意与自己的团队伙伴分享，生怕"教会徒弟，饿死师傅"，结果造成同事之间的关系紧张。团队无竞争力可言，个人又谈何发展呢？

在团队中，优秀的员工之所以优秀，就是因为他们懂得与同事分享。他们知道，只有分享才能促进团队的团结，才能促进每个人的发展，才能成就自己辉煌的事业，而他们也必定是团队的精英。

张明，某公司码头的操作队队长，他获得过全国劳动模范的称号，被誉为"蓝领专家"。张明的成功很大程度上就源于他懂得与团队分享自己的工作所得。张明有一手过硬的专业技术、丰富的实战经验，更难能可贵的是他的团队意识。他在技术上取得的每一个突破、在工作上的每一点体悟，总要传达给团队，使之变成大家共同的知识、共同的本领。

像张明这样的"标兵员工"之所以为人所敬仰，并不仅仅是因为极强的工作能力和高超的岗位技巧，更是因为他们拥有愿与人分享的无私之心。当然，这种无私之心并非是每个人与生俱来的，不过你如果明白了在团队中进行分享的深层次意义，相信你也会十分愿意与自己的团队伙伴去分享自己工作的诀窍与经验。

首先，分享是一块敲门砖。人都是自私的，在这个"圣人不出、雷锋已故"的年代，没有人会平白无故地把自己认为珍贵的东西轻易分享给你。但当你试着把自己认为珍贵的东西分享给别人时，你可能会收到意想不到的回报——对方也会分享给你他视为珍贵的东西。这是因为你已经悄悄地打开了对方的无私之门，这种既增加感情又有实质收获的双赢之举何乐而不为呢？

其次，分享是一支点石成金的神笔。人不仅具有自私性，更具有狭隘性。你认为很珍贵的东西，比如，一套学习方法、一个主意，没准儿在别人眼里算不得什么。即使如此，如果对方感觉出你真的把它看得很珍贵，真心诚意地想分享给他，他不仅不会嘲笑你，反而会尽力帮助你去芜存菁、化腐朽为神奇。

最后，分享有时是一种动力。曾经，你有一套很好的科研方法，有一套很好的写作方式。可执行一套好的方法往往意味着艰苦的努力和持久的毅力，这些都需要强大的动力支持。那好，把你的方法分享给你的朋友，一起改进并加以实施吧。这样，你和你的朋友形成了竞争关系，你就有了压力，就有了动力。

想通了这些之后，你还认为分享是一种"卖了自己便宜了别人"的行为吗？其实相比于接受你分享的人，你才是最大的受益者。而当一个团队中充满了乐于分享的成员时，每个人也就都能够获益匪浅了。

每个人都期望别人能尊重自己

有个心理学家曾经说过，每个人的心里都有一个无意识的标签，就是希望别人尊重自己，感觉到自己的重要性。如果在有求于人或者与人沟通的时候懂得在无形之间让对方感受到自己的重要性，对方就会觉得自己受到了尊重，这样谈起事情来就会顺利很多。

第一次世界大战的战况十分惨烈，美国政府迫切需要看到和平的曙光，威尔逊总统决心为此而努力着。他准备派遣一位私人代表作为和平特使，与欧洲的军方进行协商、合作。国务卿勃莱恩一贯主张和平，而且他知道这是名垂青史的最好机会，所以，他非常希望自己能被威尔逊选中。但威尔逊却委派了他的好朋友赫斯上校。赫斯上校当然万分荣幸，但如何将这一消息告知勃莱恩又不触及他的自尊，却是一件十分棘手的工作。

"当听说我要去欧洲做和平特使时，勃莱恩显然十分失望，他说他曾打算去干这事。"赫斯上校在日记中这样写道，"我回答说，总统认为其他人正式地去做这件事不大适宜，而派你去目标太大，容易引起注意，会有太多的猜疑，为什么国务卿要到那里去？"

从赫斯上校的话中，我们可以听出一些弦外之音，他等于是在告诉勃莱恩，他太重要了，不适宜亲自去做这项工作。就是这么简单的一句话，使勃莱恩的虚荣心获得了满足。赫斯上校十分精明，他在处理这一事件的过程中遵守了人际关系中的一个重要准则：满足他人的虚荣心，永远使对方觉得自己很重要。

在社会交往中，获得尊重既是一个人名誉地位的显示，也是对他的品行、学识、才华的认可。无论是年长者还是年轻者、位尊者还是位卑者，每个人都期望别人能够尊重自己。

拿破仑在称帝时，是如何安抚那些为他出生入死的将士的呢？据说，他一共颁发了 1500 枚徽章给他的将士，赐封他的 18 位将军为"法国大将"，称他的部队为"王牌军"。有人批评这是拿破仑发给老练精兵的一些"玩物"，而拿破仑却回答说："人们本来就是被玩物所左右的。"

心理学家马斯洛认为，每个人都希望自己的能力和成就得到社会的承认，这就是尊重的需要。它又可分为内部尊重和外部尊重。内部尊重是指一个人希望在各种不同情境中有实力、能胜任、充满信心、能独立自主。其实，内部尊重就是人的自尊。外部尊重是指一个人希望有地位、有威信，受到别人的尊重、信赖和高度评价。所以，当你让对方感觉到他非常重要，给了他充分的尊重后，他会感觉很舒适，从而更容易接纳你，从而帮助你实现自己的目标。

在大选来临之前，英国政治家玛格丽特·撒切尔夫人所在的保守党面临着一个难题——如何制止颓势？撒切尔夫人的解决办法是令人信服的，她说："我们只有一个办法，走出去，到选民中去。这样才能最终获胜。"

保守党的工作人员认为，和撒切尔夫人在一起搞竞选实在是太累了：因为她总是在大街上东奔西跑、走家串户。一会儿在这家坐会儿，同房东交谈；一会儿又同那个握握手，或向坐着扶手椅的人问长问短；一会儿又到商店询问价格。大部分时间，她都会带着秘书黛安娜跑来跑去。

午饭时，他们就到小酒店和新闻发言人罗伊·兰斯顿以及委员会的其他成员一起喝啤酒。然后，她又去参加集会演说，接见更多的人。这样，撒切尔夫人身体力行地赢得了越来越多的拥护者，为竞选打下了坚实的群众基础。

撒切尔夫人为什么能在大选中获得最终的胜利？就是因为她敏锐地捕捉到了尊重他人的重要性，尤其是对选举至关重要又曾被人忽视的普通选民。撒切尔夫人对他人发自内心的尊重，为她赢得了民众的善意和支持。

因此，在交际过程中，我们必须要时刻提醒自己：永远让对方感觉到他的重要性，这样他才会助你实现目标。

———— 第八章 ————
提升自我能力，打造优质高效的合作团体

不断学习，提升自身能力

有句老话说得好："活到老，学到老。"在这样一个日新月异的时代，如果你不能通过自身的努力提升自己的能力，不仅无法得到合作人的青睐，还会渐渐被社会所淘汰。不断学习，提升自身的能力，已经成为时代的需要。

而想要提升自己的能力，就要不断学习，所以，经常参加一些培训是必不可少的。这样，不仅可以学习到一些新的知识和观念，还可以进一步了解未来商业的趋势。这些专业的培训班或研习会不同于学院式的正规教育，参加培训班或研习会的人大多早已进入社会，都是一些有着成功创业经验的人，而且是一群力求上进、想通过找到合适的合作人来扩大企业发展的人。

在提升自己的过程中，每个人的学习方式和结果都是不一样的。在相同的环境条件下，会学习的人比不会学习的人学得更多、更快、更好。参加这种商业会议的人来自不同的群体、不同的行业，但这些并不重要，重要的是他们都有爱好学习、热爱成长、追求事业成功这一共同目标。在这种互动的过程中，可以使双方相互了解，从而为促成合作打下坚实的基础。

在当今社会知识更新飞速的年代，创业本身就是一个不断深造、不断积累、不断提升的过程。如果不学习，不接受新事物，不用新知识、新理念、新技术武装自己，最先被淘汰掉的可能就是你。

在美国的创业者，特别是刚刚初入商海的时候都会参加许多培训班和研习会。他们参加的研习会多半是一年聚会一次，然后由每个会员平均分摊所有交通和住宿的费用。他们每次的出席率，除了人不可抗拒的因素外，一般都高达100%。他们有一个共同的默契，那就是会中所讨论的每一件事都要保密，所有的资讯都只跟会员分享。他们彼此都变成了非常亲密的好朋友，同时还会经常联络、有事互相帮忙。

他们每一位会员都有自己的特质与出众的个性，所以每一个人都能受到别人的尊重，绝对没有人会因为业绩的好坏而受到不平等的对待。这种研习会对任何一个行业都是一个很不错的组织，因为它可以激励与会者产生更伟大的梦想，怀抱更远大的企图，让你知道你可以做远比现在伟大许多的事业。

想要在商界有所作为的人一定要坚持终身学习，让自己每天进步一点点。在你开始用更多、更新、更广的知识为自己的大脑和心灵"充电"时，你会渐渐地发现，除了"实用"以外，由"充电"带来的"副产品"即商业人脉也是非常可观的。

现代社会为想让自身能力有所提高的人提供了一切可能的学习机会，而且只要你留心学习，无论通过哪种途径，也无论在什么地方，都可以实现学习的目的。时间最易流逝，也最值得我们珍惜，应抓紧时间工作、抓紧时间学习，否则当时间逝去的时候就再也没有重新开始的机会了。

要知道，学习与否的选择权掌握在你自己手中。如果你说自己事业太忙挤不出学习的时间，整日操心劳累没有学习的精力……可以找的借口很多，但没有一个能成为你放弃学习、放弃继续提升自己能力的理由。

提升自我人际交往能力

衡量一个人的人际能力如何，只要看他的交际圈就知道了。如果他交际很广，在不同层面、不同行业都有不错的朋友关系，而且朋友包含了各个年龄段，这说明他的人际交往能力比较强；相反，如果朋友大都局限在业内，或单位及一些同学，就说明其朋友圈比较单一、社交范围相对较窄。

另外，通过交往的朋友还能反映出你的身价和人际能力。如果一个人身边的朋友大都优秀出色，比他强的大有人在，则证明他的实力和人际能力不错。如果身边的朋友混得还不如他，则可能存在选择与自己水平相仿或实力较弱的人交往、对强者存在心理畏惧和敬而远之的心态。这往往也是小人物的交往心理。

在如今这个商业社会，任何一个职业人都无法独善其身，是否善于和比自己强或不喜欢的人交往，善于在一个不喜欢的环境中折腾，这是衡量一个人社交成熟度的标志。

（1）发掘你的独特价值

新东方创始人俞敏洪曾说过，很少人能和与自己地位相差太远的人建立起真正的人脉关系。不过也没必要太悲观，小人物与大人物的交往，就算不是真正的朋友关系，能达成商业合作关系也是双赢的开始，但前提是小人物能为大人物提供独特的价值。

这里的"价值"，换个更贴切的说法就是"被利用价值"，你越有用，就越容易建立起坚强的人脉关系。如同建立个人品牌一样，与其匆忙花费精力漫无目的地认识朋友，不如事先确定好自己的价值定位，然后针对目标群体进行有针对性的传播。

任何一个小人物都有自己的独特价值，"我的优势在哪里""我有哪些独特价值"这些是与大人物打交道的敲门砖。

（2）巧妙传递你的价值

在人际交往中，要善于向别人传递你的"可利用价值"，从而促成交往的机会，彼此更深入地了解和信任对方。无论是网络"弱连接"还是日常交往，大多数人都是在几秒或1分钟之内就判断和你交往是否有价值，甚至决定是否要与你交往的。

在与大人物打交道的过程中，只要保持平常心、尊重自己的价值，并将自己的价值巧妙传递出去，你就能找到与大人物之间的交集了。

（3）成为人脉关系的搜索引擎

如果你只是接受或发出信息的一个终点，那么人脉关系产生的价值是有限的；但是，如果你能成为人脉中的搜索引擎，那么别的朋友甚至是大人物也会更乐意与你交往，你也能促成更多的机会，从而巩固和扩大自己的人脉关系。

聪明人懂得利用一切机会让自己在重要场合"抛头露脸"，因为这样可以让更多的人认识自己，扩大自己寻找合作伙伴的范围。

当然，在重要场合"曝光"是需要很大勇气的，所有想要通过合作实现创业的人都应当尝试着克服羞怯心态，高调地在重要场合"曝光"自己，让更多的人认识你，并赢得更多与人合作的机会。

仅仅是在重要场合"曝光"自己当然还远远不够，重要的是要在重要场合给人留下深刻的印象，也就是要学会推销自己，提高自己的知名度。在竞争激烈的商海里，个人形象和知名度不是小事，为什么有些本来非常杰出的人在商海里却始终默默无闻？原因之一便是他们不注意宣传自己，或者宣传了却又弄巧成拙，这更为糟糕。同样地，有些人也许对某项重要的工程或生意非常有兴趣，却仅仅因为没有主动表示出他们的兴趣而遭到忽视，最终导致创业失败。

想要让更多的人认识你，最关键的就是要学会提高知名度。用作家斯托勒的话来说，每个单位或每个行业部门内都有其"高知名度精英群"。这些人被业内人士所熟知，并受到人们的尊敬。但在本部门之外，他们的知名度就没那么高了。如果你也是其中之一，那么就需要不断地寻找机会宣传你自己，宣传你的主张和价值，以提高你的知名度了。

热情让人感受到你的温暖

热情可以激发出你的最大潜能。查尔斯曾说过："一个人，当他有无限热情时，就可以成就任何事情。"当你被欲望控制时，你是渺小的；当你被热情激发时，你是伟大的。托尔斯泰也曾说过："一个人若是没有热忱，他将一事无成。"在人与人交往时也是这样，热情就是人与人之间的黏合剂。

绝大多数人都喜欢和热情的人交流，因为在彼此不熟悉的情况下人们很害怕被拒绝，那是很没有面子的事情。保持你的热情，露出微笑，能够减少别人对你的陌生感。心理学家经过调查发现，面带微笑能让别人感到愉悦，并拉近陌生人之间的距离。而且，当你主动热情地找到话题后，大家就可以顺着话题说下去，而不必再费尽心思地去找合适的话题，以免陷入冷场的尴尬境地。

首先，要让别人看到你的主动，感受到你的温暖。这样，你就会赢得别人的信任，交流起来也会变得很容易。

一位推销员讲了一个他自己的故事：

有一天，一对老年夫妇来到我们商场，我立刻上前去打招呼。他们说想购买一台电热水器，拿不定主意是买进口的还是国产的。我详细地问他们想选多大容量的，他们说不清楚，我便向他们推荐了一款康泉热水器。他们问康泉热水器是哪里生产的，我告诉他们是浙江生产的。看他们有些犹豫，我便耐心细致地向他们介绍康泉热水器是国内最早生产热水器的厂家，与其他品牌热水器的不同之处在于它是双管两端加热，它的内胆是不锈钢加全瓷的，还有磁化器装置等。经过我耐心细致的介绍，夫妇俩对康泉热水器有了好感，可当时并没有购买，而是说再转一转，我说好的。没过几天，夫妇俩又来到我们这里，我又细致地介绍了一遍，夫妇俩特别满意地说："不用再介绍了，我们到过其他商场，他们介绍得可没有你这样详细热情，所以还是到你这里来购买了，我还要去向别人推荐，让他们也到你这里来购买。"

毋庸置疑，这个销售员是成功的，他的主动热情打动了别人。同样的产品，这对夫妇更愿意来他这里购买，是因为这名推销员的热情让他们觉得其更值得信赖，这就是一次成功的交流。试想，如果顾客问一句你答一句，那又会是什么样子呢？

其实热情很简单，一个善意的眼神、一个美丽的微笑都能让人感到温暖。当别人需要帮助的时候，应主动一点过去帮忙。当过道狭窄时，你微笑着让道；当你看见心仪的对象时，主动上前搭话，这些都是热情的表现。如果你一脸冷漠，那传达给别人的信息就是你这个人很冷漠，不愿意与人交往，如此，就不会有人来和你说话了，因为大家都怕碰钉子。

其次，人与人的交往是双方的、互动的，主动向别人介绍自己，可以得到大家的响应。

在某次博物馆组织的单身者郊游活动中，37 岁的旅行社代理人贝丝看上了其中一位团友尼尔——35 岁的英俊飞机师。贝丝觉得像尼尔这种长得很好看的男人通常都没有安全感，于是，她决定依赖恋爱类型的接触技巧来安排第一次相遇。

她一面享受着在博物馆的时光，同时还不忘在尼尔每次经过她身边时，给他一个短促的眼神交流。当尼尔第三次经过她身旁时，贝丝决定采取行动。尼尔一动不动地专注于一幅毕加索的画作，贝丝匆匆地走过他身旁并且回头轻声地说："我觉得毕加索这部作品比其他的都要好。"不等他有任何回应，贝丝继续走向另一个展览厅。

"抱歉。请问你是艺术学系的学生吗？"尼尔紧张地问道，同时尝试着阻止她离去。其实，他一整天都在观察贝丝，他被这位神秘的女士吸引了。"如果我遇到一位好老师，我想我会是。"贝丝带着淘气的笑容回答道。令人惊喜的是，当贝丝和尼尔一起共度下午剩余的时间时，她发现他竟然是一个很好的老师。他带领她欣赏艺术作品，之后他们又一起共进晚餐。他们享受着在一起的时光。

最后，熟悉能增加人际吸引的程度。

心理学家曾做过一个关于"邻里效应"的实验。

20 世纪 50 年代，美国社会心理学家对麻省理工学院 17 栋已婚学生的住宅楼进行了调查。这是些二层楼房，每层有 5 个单元住房。住户住到哪一个单元纯属偶然，哪个单元的老住户搬走了，新住户就会搬进去，因此具有随机性。调查时，所有住户的主人都被问道：在这个居住区中，和你经常打交道的最亲近的邻居是谁？统计结果表明，居住距离越近的人，交往的次数越多，关系越亲密。在同一层楼中，和隔壁的邻居交往的概率是41%，和隔一户的邻居交往的概率是22%。和隔三户的邻居交往的概率则只有10%。多隔几户，实际距离增加不了多少，但亲密程度却有着很大的不同。

可见，与人交往得越多，你们的关系就越亲密。如果其他条件大致相当，人们会更喜欢与自己邻近的人交往。处于物理空间距离较近的人，见面机会较多，容易熟悉，产生吸引力，彼此的心理空间也容易接近。我们经常说"远亲不如近邻"，是因为我们和邻居接触多，而与相隔较远的亲戚接触少。所以，生活中经常会出现一些"近水楼台先得月"的事情。这个现象，在心理学上被称作"邻里效应"。

发挥自己无穷的潜能

如果你没有专属于自己的优势，也就是你的核心竞争力，那你就很容易被别人所取代。你在选择合作人的时候，考虑的一定是对方身上有哪些独特的亮点。同样，别人在与你合作的时候，看的也一定是你的不可替代性。所以，要让自己成为重量级的合作人，就应提升自己的核心竞争力，创造自己的不可替代性。

成功心理学发现，每个人都具有某项与众不同、独一无二的优势。所以，你要认识自己的能力，发挥自己无穷的潜能。

在 1955 年以前，乔羽先生创作了很多体裁的文学作品，但这些作品都没有产生什么影响。在这之后他受电影《祖国的花朵》剧组的邀请，创作了歌词《让我们荡起双桨》，使他一举成名。从那以后，很多电影导演都会请他写歌词。这时，他才真正意识到歌词创作是他独特的优势。于是，他决定不再写其他体裁的文学作品，专攻歌词创作这一项。后来，他成为了国内著名的词作家，创作出了很多优秀作品，包括《我的祖国》《难忘今宵》等经典歌曲。显然，在歌词创作领域，乔羽先生凭借着自己独一无二的优势取得了成功。

其实，每个人的潜能都是无穷的，但需要你去开发。潜能开发了，本领强大了，成功自然水到渠成。

我们每个人都拥有方方面面、形形色色的巨大潜能，但很多人都不知道如何去开发、利用，让它始终处在沉睡的状态。

著名心理学家詹姆斯说："我们只不过清醒了一半。我们只运用了身体上和精神上的一小部分资源，未开发的地方还有很多，我们有许多能力都被习惯性地糟蹋掉了。"

美国著名的富尔顿学院心理学系的学者说："编撰 20 世纪历史时可以这

样写：我们最大的悲剧不是恐怖的地震、不是连年的战争，甚至不是原子弹投向日本广岛，而是千千万万的人生活着然后死去，却从未意识到存在于他们身上的巨大潜能。"

没有发现自己潜能的人都是还没有清晰地认识自我。"认识自我"是镌刻在古希腊戴尔菲城那座神庙里唯一的碑铭，犹如一把千年不熄的火炬，表达了人类与生俱来的内在要求和至高无上的思考命题。尼采曾说过："聪明的人只要能认识自己，便什么也不会失去。"而我们每个人都有无穷无尽的潜能，每个人都有自己独特的个性和长处，每个人都可以选择自己的目标，并通过不懈的努力去争取属于自己的成功。

认识自我是我们每个人自信的基础与依据。即使你所处的环境不好、遇事总是不顺心，但只要你赖以自信的巨大潜能和独特个性及优势依然存在，你就可以坚信：我能行，我能成功。

一个人在自己的生活经历中，在自己所处的社会境遇中，能否真正认识自我、肯定自我，如何塑造自我形象，如何把握自我发展，如何抉择积极或消极的自我意识，将在很大程度上影响或决定一个人的前程与命运。换句话说，你可能渺小而平庸，也可能伟大而杰出，这在很大程度上取决于你的自我意识究竟如何，取决于你是否拥有真正的自信。请你一定要记住，你就是一座金矿，只有你足够自信、自主、自爱，你才能在自己的人生中展现出应有的风采。因此，认识自我这一过程，也是悦纳自我、培养自信心、发掘潜能，最终达到自我实现目标的过程。

很多人总喜欢拿自己同别人比较，用别人的观点、方式来衡量自己，或满心失落，或沾沾自喜。其实，人最重要的还是和自己比，看到自身的优势所在，找到适合自己的定位点，然后坚定、自信地走好自己的路。

如同天底下没有相同的树叶一样，每个人身上都有自己不同于他人的优势，让我们做个聪明人，别光盯着自己的弱点，好好找找自己的优势和潜能，并把它发挥出来吧。

功劳归于他人，过错留给自己

卡耐基曾说过："事无巨细都要自己亲自插手，并把一切名誉统统归于自己的人，是不会成就什么伟大事业的。"

因为，在交际过程中，"有难同当，有功独拿"是处理问题的大忌。把功劳归于别人，不仅能表现出你的风度，还能在无形之中增加你的个人魅力，为自己赢得一些支持或赞扬。但有些人却因为不能抗拒名利的诱惑，而选择牺牲下属的利益。

著名的圣路易斯城执行官威尔金森曾对斯图尔特说过："现在，我想起了以前的一位执行官，他总能在与我相关的店里开理事会时提出一些新意见。对这些意见，他十分自负，还会为了我能采纳这些意见而不懈地努力奋斗。因为，这些意见多数都很中肯实用，所以我们也采用了许多。于是，他就到处制造舆论，好像所有的功劳都是他自己的。"

"可是，随后我就发现，其实这些意见几乎都是他从下属那儿得来的，而他从未向他的下属表达过什么。在知道了事实的真相后，很多下属十分愤怒，本来他管辖部门的纪律是很好的，而就是因为这件事，那个部门被弄得一团糟。"

"相反，如果这个执行官对我们说：'昨天，比尔·琼斯提出了一个建议，我觉得特别好。现在，我就向大家汇报一下，请大会审议。我的下属能为公司发展提出这么好的建议，我为此而感到骄傲，能有这样的下属是我的莫大荣幸。'这样就能做到皆大欢喜了。"

这位执行官过于"自我膨胀"，最终导致了自己的失败。而真正的大人物未必要时时追逐名利，他应该尽可能地让他人有赢得名利的机会，至少应与他共享这种荣誉，这是他们赢得部下支持与拥戴的最佳策略。

一位高明的领导，不但会与部属一起分享荣誉，而且有时还会故意把本属于自己的那份功劳推让给部属。对方必定会将此恩牢记在心，平时或许没什么，但在出现问题时即可发挥作用，甚至会有意想不到的结果。如果每个人都可以持有这种态度，相信大家所得到的喜悦是不可限量的。

当然，除了要舍得推功外，还要勇于揽过。人生难免会犯错，在适当的时候把过错归于自己，能为自己赢得人心，如此，当你有求于别人的时候也会很顺利地得到帮助。

周襄王二十五年，秦穆公不听蹇叔、百里奚等人的苦劝，趁晋文公病逝、晋国无暇他顾之机，派孟明视、西乞术、白乙丙等人出兵伐郑，结果在崤山遭到伏击，全军覆没，三将被擒。多亏文赢巧使计谋，才保住了三将的性命。

孟明视等人逃回国内的消息一传出，立刻有人来见秦穆公，对他说："孟明视、西乞术和白乙丙身为秦将，丧师辱国，罪在不赦。"

还有人说："他们三个统率秦国子弟出关，现在只有他们三人生还，其余全部抛尸崤山，实在是可恶，应杀之以谢国人。"

更有人提醒说："当年城濮之役，楚军战败，楚君杀元帅成得臣以儆三军，君主你应当效法此举。"一时议论纷纷，众口不一。

秦穆公听了，对大家说："这次出兵是我不听蹇叔、百里奚的劝告导致了失败，所有罪责均由我一人承担，同其他人毫无关系。"

秦穆公知道，孟明视等人乃秦国不可多得的勇将，目前秦晋争霸中原的序幕才刚刚拉开，自己正是用人之际，此时杀将有百害而无一益。况且晋襄公放回三将，显然是要借刀杀人，如此既能除掉仇人，又能获得秦国的好感。胜败乃兵家常事，凭他们三人的本领，将来总有一天能报此仇。

于是，秦穆公不顾众人的反对，全身白衣，亲自到郊外迎接孟明视、西乞术和白乙丙，见面后哭着向他们表示安慰，并对死去的将士表示悼念。孟明视等人非常感动，发誓要效命于秦穆公，报仇雪恨。

不久，秦穆公又任命孟明视、西乞术和白乙丙三人为将，统率军队。三人后来感激秦穆公宽宏大量、忠心报国，辅佐秦穆公整顿战备，加强军队训练，提高军队战斗力，终于在四年之后打败了晋军。

秦穆公代将受过的举措有着一石三鸟之功效：其一，勇于承担责任，不推过于人，体现了自己的担当；其二，允许别人犯错误，给人以改正错误的机会，表现了自己的宽容；其三，笼络了人心，提高了自己的威望，使下属更加忠于自己。

　　想要在与人合作的时候得到别人的支持或者帮助，就要懂得为别人着想，甚至必要时要勇于承担共同犯下的错误。这样，不但能够体现出自己的人格魅力，也为你们今后的合作赢得了很好的契机。

　　将功劳归于他人，将过错留给自己，哪个人会不喜欢同他合作呢？

雪中送炭胜过锦上添花

人的一生不可能总是一帆风顺，难免会碰到失利受挫或面临困境的情况，这时候最需要的就是别人的帮助，这种雪中送炭般的帮助会让人铭记一生。

在三国争霸之前，周瑜的仕途并不得意。他曾在军阀袁术部下为官，被袁术任命当过小小的居巢长。

当时，地方上发生了饥荒，年成既坏，兵乱间又损失很多，粮食问题变得日益严峻起来。居巢的百姓没有粮食吃，就吃树皮、草根，很多人被活活饿死，军队也饿得失去了战斗力。周瑜作为地方上的父母官，看到这悲惨情的形急得心慌意乱，却不知如何是好。

这时，有人向他献计，说附近有个乐善好施的财主叫鲁肃，他家素来富裕，想必一定囤积了不少粮食，不如去向他借。于是，周瑜带上人马登门拜访鲁肃。寒暄完毕，周瑜就开门见山地说："不瞒老兄，小弟此次造访，是想借点粮食。"

鲁肃一看周瑜丰神俊朗，显而易见是个才子，日后必成大器，顿时生出了爱才之心。他根本不在乎周瑜现在只是个小小的居巢长，哈哈大笑说："此乃区区小事，我答应就是。"

鲁肃亲自带着周瑜去查看粮仓，这时鲁家存有两仓粮食，各三千斛，鲁肃痛快地说："也别提什么借不借的，我把其中一仓送给你好了。"周瑜及其手下一听他如此慷慨大方，都愣住了。要知道，在如此饥荒之年，粮食就是生命啊！周瑜被鲁肃的言行深深感动，两人当下就结成了朋友。

后来，周瑜受到孙权的重用，当上了将军。周瑜牢记鲁肃的恩德，将他推荐给了孙权，鲁肃终于得到了干一番事业的机会。

鲁肃在周瑜最需要粮食的时候送给了他一仓粮食，这就是所谓的"雪中送炭"。

在生活中，很多人总是在别人不是很需要的时候拉他一把，却没想到，锦上添花远不如雪中送炭。当他人口干舌燥之时，你奉上一杯清水，这胜过九天甘露；而大雨过后，天空放晴，你再送他人雨伞又有什么意义呢？

晋代有一个人叫荀巨伯，有一次，他去探望卧病在床的朋友，而当时恰好敌军攻破城池，烧杀掳掠，百姓纷纷携妻挈子四散逃难。朋友劝荀巨伯："我病得很重，走不动，活不了几天了，你自己赶快逃命去吧！"

但荀巨伯却不肯走，他说："你把我看成什么人了，我远道赶来，就是为了来看你，现在，敌军进城，你又病着，我怎么能扔下你不管呢？"说着，便转身给朋友熬药去了。

朋友百般苦求，叫他快走，荀巨伯却专心给他端药倒水，并安慰他说："你就安心养病吧，不要管我，天塌下来我替你顶着！"这时，只听"砰"的一声，门被踢开了，几个凶神恶煞的士兵冲了进来，冲着他喝道："你是什么人？如此大胆，全城的人都跑光了，你为什么不跑？"

荀巨伯指着躺在床上的朋友说："我的朋友病得很重，我不能丢下他独自逃命。请你们别惊吓了我的朋友，有事找我好了。即使要我替朋友而死，我也绝不皱眉头！"

听着荀巨伯的慷慨言语，看着荀巨伯的无畏态度，敌军士兵很是感动，说："想不到这里的人如此高尚，怎么好意思侵害他们呢？走吧！"说着，敌军便撤走了。

患难时表现出的正义能够产生如此巨大的威力，说来不能不令人惊叹。

人们总是可以敏感地觉察到自己的苦处，却对别人的痛处缺乏了解。他们不了解别人的需要，更不会花功夫去了解，有的甚至知道了也佯装不知。

饥饿时送一根萝卜和富贵时送一座金山，就其内心感受来说是完全不一样的，我们要做的不是在别人富有时送他一座金山，而是要在他落难时送他一杯水、一碗面、一盆火。只有雪中送炭才能显示出人性的伟大，才能显示出友谊的深厚。

与人合作更需注重感情投资

朋友关系的维护，重在平时下功夫。没事不联系，有事找上门，这是与人交往的大忌。"功利"二字在维系人际交往中至关重要，如何用"无功利"的方式打开"有功利"之门呢？聪明人的做法就是没事儿常联系。想赢得实惠，这算是最好的"创利"方式了。

孙波的人缘很不错，大家都乐于与他交往。工作了 3 年，他结识了许多朋友，有刚上班的毕业生，还有职场上的老手，也有些混得不错的小老板。而孙波的同学于涛同样工作了 3 年，身边却只有几个熟人，他对此感到很是郁闷。

一次，于涛去找孙波，向他讨教交际的经验。两人来到一家小饭馆，边吃边聊。于涛说："我很纳闷，你怎么认识那么多人，还交往得挺不错？我目前认识的还是那几个老熟人，始终没进展。"孙波很轻松地说："其实与人交往很简单，没事儿常联系就行了。"

"平常工作忙得很，哪有时间联系呀？"

"睡觉前几分钟发个短信可以吧？休息日抽空看望一下可以吧？赶上节日问候一下可以吧？对方失业了，慰问一下可以吧？朋友升职了，祝贺一下可以吧？同事、同学过生日，没空去不要紧，打个电话祝福一下总可以吧？"于涛这才明白过来，原来平常的一些细节对交往竟有这么大的促进作用。

孙波接着说："还有一条是最重要的，不要带着功利心去与人交往。没事情常联系，有事情也不要轻易麻烦朋友，自己能做的就不要依赖别人。动不动就麻烦朋友，朋友会怎么看你？"

"有道理！"于涛恍然大悟。他以前很少主动与朋友联系，时间一长，彼此的关系就疏远了。等疏远以后再联系，总觉得找不到共同话题，这样就很难交流。听了孙波的开解后，于涛下决心今后一定要与朋友常联系。

"人非草木，孰能无情"，感情投资可以说是收益最大的投资。情与情的交流、心与心的碰撞，让彼此之间的友谊加深，等到自己需要帮助的时候定会有很多朋友愿意站出来对你鼎力相助。

中国社会，从某种程度上讲而就是一个人情社会。每个人从小都必须懂得人情世故，这其实就是一种感情投资，而如果不懂便很难在社会上立足。

蒋超与人交往就很有目的性。他觉得朋友就是拿来利用的，否则就没有交往的必要。

一次，朋友为他介绍了一位公司的经理，蒋超很兴奋，主动让朋友约那位经理一起吃饭，当然是蒋超埋单。朋友也没拒绝，随后几个人到饭店喝得酩酊大醉。蒋超握着那位经理的手说："以后有什么事情，还请您多多关照。"这位经理也随声应和着。

事后，蒋超就将对方忘了。不到半年，蒋超工作出了问题，上司要将他调到别的部门，蒋超不愿去，就想辞职。但他怕工作不好找，就打算先找工作，等工作找到后再提出辞职。

然而，他向许多朋友打听了，各家单位都不缺人，有的还忙着裁员。最后，蒋超想起了半年前认识的那位经理，他想，那位朋友既然是经理，应该有点实权，如果托他帮忙，说不定会有希望。于是，蒋超翻箱倒柜，最后终于在床头柜的抽屉里找到了那位经理的名片。他打电话向经理求助，经理却被弄得一头雾水。

蒋超说他与朋友阿杰陪经理吃过饭，如今想向他谋份工作。经理说要看看公司的情况。经理放下电话怒气就上来了，心想：还有这种人？平时连个电话都不打，这会儿突然要我为他找工作，哪有这等好事？其实，要不是蒋超提起阿杰来，这位经理早就想不起蒋超了。

到头来，蒋超的工作也没落实，朋友阿杰还打来电话责备他："你怎么如此莽撞地找那位经理办事呢？连我都被他责怪了。工作的事你自己看着办吧！"蒋超碰了一鼻子灰，只能仍待在原来的单位。

如果前期蒋超与那位经理经常联系，逐渐加深自己在经理心中的印象，等时机成熟后再说工作的事，也不至于一下子就把关系弄僵。

朋友关系需要在平时的精心维护。我们在交往中要培养一种习惯：没事的时候与朋友保持联络。如果平时连一声问候也没有，有事才找出尘封已久的名片来向他人求助，这是属于纯粹的功利交际。抱着这样的想法去与人交往，注定要失败，因为谁也不想被人白白地利用。

至于朋友间的感情投资，则一定要有选择性。志趣相同的朋友，可遇而不可求，一旦相遇，投资必多。

德国大诗人歌德和席勒之间的友谊备受世人羡慕。尽管他们的人生经历和为人性格大不相同，但感情间的共鸣却把他们紧紧地连在了一起。在长达10年的时间里，他们一起写诗，共同完成了传世之作。

伟大的马克思和恩格斯之间的友谊更是被誉为"最伟大的友谊"，而共同的革命事业就是他们友谊的纽带。他们感情的投资是为了崇高的理想，这无疑是最高境界。

对朋友进行感情投资在商场中的作用最是明显，正因为商场是一个唯利是图的世界，所以商人最需要的恰恰不是金钱，而是极为稀缺的情谊，它不仅能让商人赢得财富，更能帮助商人赢得朋友！

"船王"包玉刚是从航运起家的。他刚开始从事航运的时候，非常重视感情投资。1955年，他低价收购了一艘英国旧货船，将其改名为"金安号"，租给了日本一家船舶公司获取租金。不久，由于航运业的迅猛发展，租金的行情也看涨。这时，很多船主见有利可图，便纷纷抬高了租金，变"长租"为"短租"，趁势"宰客"。唯有包玉刚反其道而行之，他不仅依旧按照相对低廉的价格收取租金，还与客户签订了长期合同。在包玉刚看来，客户既是合作伙伴，更是朋友，绝不能贪利忘义，置朋友于困苦之中。

包玉刚对客户的感情投资换来了客户的信赖，得到了丰厚的回报。一年以后，航运业陷入低迷，租金行情大跌，原来宰客的船主纷纷破产，只有包玉刚坐收厚利，还赢得了诚信的好名声，他的客户也越来越多。在短短的两年时间里，靠着一艘金安号，他赚回了7艘船。这时，财力雄厚的日商也被包玉刚的诚信所打动，主动要求包租他的船。包玉刚的感情投入就这样奇迹般地产生了连锁反应。

深受中国儒家"重义轻利"传统思想熏陶的日商，在经商中很看重"义"字。所以，与日商合作时，包玉刚更加注重感情投资。

除了租船给日商外，包玉刚还看好日本的造船技术和人力。在包玉刚决定造船时，航运业再次陷入低迷，不少订户开始退单，造船厂面临倒闭的危险，只有包玉刚在照样信守合同的同时还增订了6艘船，令日商感激涕零，称他为"最高贵的主顾"。与上次相同，当航运业再次复苏，原来退单的订户这次纷纷被造船厂退单，而包玉刚订的船非但没有减少，而且还在增加。

包玉刚堪称感情投资的高手，他从来不把客户当作必须战胜的敌人，而是看成可以共同携手的朋友，这也就难怪他能在短短时间内获得如此巨大的成就了。

事实证明，感情投资可以为一个人带来丰厚的回报。所以，对朋友的感情投资在商场上是很有必要的，也是必须的。

第九章

众人拾柴火焰高，发挥团队最大的力量

最伟大的力量就是同心协力

在央视主办的某大型励志节目中，曾进行过这样一场比赛，参赛人员全都是精英级的创业者，他们组成团队与对手进行较量。当时，马云是节目评委，他说："我个人觉得这场比赛挺难的，这里的大多数人都是创业者，要把5个都具有 CEO 特征的人拼成一个团队是很不容易的。你们看，他们每个人都以自我为中心，遇到问题就指责团队成员，而不是想着帮助对方，这样的团队是走不远的。"

马云还感慨地点评道："什么是团队？我认为团队首先必须是一个整体，也就是不要让另外一个人失败，不要让团队的任何一个人失败。不懂互助的团队是不行的。"

非洲曾有一个强大的海盗团，他们在培训新人时总会讲这样一个故事：

一个失意的信徒找到牧师，向牧师寻求帮助。他遇到了一个问题，受其困扰已经许久了：自己的一生为何总是如此灰暗，何时才有发光发热的一天？

听完信徒的困惑，牧师就与信徒在炽热的火炉前面对面坐了下来。虽然当时正值寒冬，但是这些煤炭烧红后所发散出来的炽热却不断温暖着整个房间。

"你想要像这些煤火一样发光发热吗？"牧师意味深长地问道。

"是啊……"信徒回答着，目不转睛地注视着面前火红的炭火，"但那简直就是一种奢望，我注定了要平庸。没错，平庸就是上帝给我写下的命运了吧。"

牧师笑了笑，随手拿起火炉旁边的钳子，然后夹出其中一块煤炭放到了一边。刚开始的时候信徒很不解，但看到牧师一脸平静，他也只好安静地看着。

没多久，那个原本火红的煤炭开始渐渐变得黯淡无光。信徒顿时明白了牧师的意思：当一个人离开团体后，个人的力量就会变弱，甚至消失殆尽。

有学者曾研究了海盗们的作战方式，发现他们的一些行动和管理模式的确在极大程度上吻合了现代团队管理的奥义：同进同退，朝着一个方向拼尽自己的全力。

众人拾柴火焰高，这是自古传下来的颠扑不破的道理。尤其是在当今社会，精细化分工愈趋明显，各种高新技术以及专业知识也呈现出了爆炸式增长态势。在这种情况下，越来越多的工作必须依靠团队合作才能完成。因此，团队也具有了空前的重要性。

人们常说"团队精神"，但什么才算是团队精神？在著名动画作品《海贼王》里，剑士索隆曾说过这样一段话："团队精神到底是什么啊？互相帮助、互相袒护算是吗？有人这么认为，但我认为那根本就只是唬人。应该是每个人抱着必死的决心做自己的事，我做好自己的部分了，接下来轮到你了，做不好的话我就揍扁你！要有这种精神才算是起码的团队精神吧？"

当然，现实不是动画片，我们用不着抱着必死的决心，但抱着完成工作的决心，抱着朝共同目标付出100％的努力的决心则是必不可少的。一个团队若是缺少了这样的决心，那么这个团队也就会缺乏足够的生存能力，是很难在激烈的竞争中存活下来的。

想要发挥团队真正的力量，就要求每一个员工都心向着团队，愿意为了这个集体付出自己的一切努力，并主动帮助需要帮助的伙伴。如果大家心不齐，相互指责、相互推诿，那么团队就是一盘散沙，毫无战斗力。因此，团队领导务必要做到以下几点：

（1）一定要学会聆听员工的声音

李嘉诚曾说过："要建立一支同心合力的团队，最重要的就是能聆听到沉默的声音。"在团队中，相较之下，员工的声音正是"沉默"的声音，领导应当耐心倾听。

或许，他们所讲的是对团队现有制度或某些现象的抱怨，又或者是他们对领导本身的不满，抑或是对更好的工作环境、工作方法的期许以及建议等，但无论是哪一种，都有助于领导进一步认识团队，进而完善团队。可见，"聆听"可以让团队变得更好。

（2）允许员工有不同意见，但一定要"同心"

婚姻中最大的悲哀莫过于"同床异梦"。明明睡在一张床上，彼此却有不同的梦，以至于"大难临头各自飞"。说到底，不在一条轨道上，终会有脱轨的危险。

团队管理也是如此，如果大家的心不齐，没有共同的目标，对团队缺乏足够的认同和归属感，没有为团队付出一切努力的意识，那么这个团队在面对困境时难免会力不从心。况且，心不齐，使出来的力量就不齐，相互削弱之下，反而使合力变小了。

故而，在团队中，领导可以允许员工保留自己的想法，允许他们提出自己独特的意见和见解，但绝不容许有"异心"。一旦团队中存在有"异心"的人，最好的办法就是与之分道扬镳，让更适合的人加入团队。此外，领导也要格外重视团队同心同力的培养。

（3）开展团队建设活动，多玩同心协力的游戏

团队领导要积极开展团队建设，最好是从娱乐中潜移默化地展开，做到"润物细无声"，逐渐培养员工的团队认同和协同意识。比如，多让大家做一些考验"同心协力"的游戏。

这样的游戏有不少，比如"三人绑两足"，让一群人站成一排，然后把一个人的左脚跟另一个人的右脚绑在一起，再让他们用最快的速度跑起来。这个游戏可以很好地培养人们的团队意识——只要有一个人跟不上大部队的节

奏，就容易给团队带来很大的影响。

再比如，让一群人围成一圈，前面的人坐在后一个人的膝盖上，如此循环下去，就会出现一个"虚坐空中"的圈子，这时一旦有人配合不好，大家就会坐到地上。

团队最强大的一点就在于它要求所有成员一条心，大家有劲儿往一处使。只有这样，团队才能发挥出最大的实力。作为团队领导，我们应当充分挖掘出这股力量，并把它运用到日常的工作中去。

滴水不成海，独市难成林

"滴水不成海，独木难成林"，一个人的力量毕竟是有限的，只有凝聚众人的力量，团结合作，才能促成"众人种树树成林，大家栽花花满园"的壮丽局面。

一个知名企业招聘职员，有不少人前去应聘。应聘者当中有本科生，也有研究生，他们头脑聪明、博学多才，是同龄人中的佼佼者。聪明的董事长知道，这些学生有渊博的知识做后盾，书本上的知识是难不倒他们的，于是，公司人事部就策划了一个别开生面的招聘会。

招聘开始了，董事长让前六名应聘者一起进来，然后发了15元钱，让他们去街上吃饭。并且要求，必须保证每个人都要吃到饭，不能有一个人挨饿。

这六个人从公司里出来，来到大街拐角处的一家餐厅。他们上前询问就餐情况，服务员告诉他们，虽然这儿米饭、面条的价格不高，但是每份最低也得3元。他们一合计，照这样的价格，六个人一共需要18元，可是现在手里只有15元，无法保证每人一份。于是，他们垂头丧气地出了餐厅。

回到公司，董事长问明情况后摇了摇头，说："真的对不起，你们虽然都很有学问，但是都不适合在这家公司工作。"

其中一人不服气地问道："15元钱怎么能保证六个人全都吃上饭？"

董事长笑了笑说："我已经去过那家餐厅了，如果五个或五个以上的人去吃饭，餐厅就会免费加送一份。而你们是六个人，如果一起去吃的话，可以得到一份免费的午餐，可是你们每个人只想到自己，却从没有想到凝聚起来成为一个团队。这只能说明一个问题，你们都是以自我为中心、没有一点团队合作精神的人。而缺少团队合作精神的公司，又有什么发展前途呢？"

在竞争日趋激烈的商业社会里，合作早已成为一股强大的力量！因此，要想成为强者，脱颖而出，最直接有效的方法莫过于寻求功成名就之士并与之合作。

　　长安集团拥有七大汽车制造企业，"长安"品牌的市场价值如今已高达4618亿元，是国内小型车行业最有价值的汽车品牌。应该说，长安这些成绩的取得都离不开长安集团总裁尹家绪与美国福特——这个世界汽车工业巨头的合作。

　　尹家绪在上任长安集团总裁不久即开始积极寻求海外合作伙伴。有幸的是，在当时，美国福特公司也在苦苦寻觅着它的"心上人"，于是两者一拍即合。2000年4月25日，长安汽车（集团）公司与福特汽车公司签署了合作开发生产轿车的合资合同。

　　长安与福特联姻震动了当时的中国汽车界。因为业内人士十分清楚，这一"联姻"将使长安集团迅速成长为中国汽车业中的一支主力军。用长安人自己的话说，就是"重庆长安在中国市场同时也有了发言权"。果然不出所料，迄今为止，长安集团借此已经在国外建设了多条生产线，而合资后的第二年，长安汽车的出口量就突破了近3000辆大关，名列当年国内微型汽车企业出口量之最。

　　长安集团之所以能有今天的辉煌，就是因为长安集团的领导者们把聪慧的头脑用在了合作之上，借用别人的力量来发展和壮大自己。正所谓"众人拾柴火焰高"，借助大家无穷的力量才是让你实现自我超越的强劲动力。

　　俗话说"人多力量大""团结就是力量""人心齐，泰山移"，良好的人际关系可以让人与人之间产生合作的愿望。一位成功的企业家说："现在的创业时代，早已不是单打独斗、显现个人英雄的时代了。大家互惠互利，合作双赢才是硬道理。"在现实生活中，没有人能够成为一个无所不能的超人。我们必须要告别单枪匹马的时代，学会合作取胜。

不要小觑小力量的集合

"大鱼吃小鱼，小鱼吃虾米"，这是现实中残酷的竞争法则。

在这种情况下，若想要站稳脚跟，我们就要联合周围可以联合的"虾米"，然后一起去吃掉我们想吃掉的"大鱼"。

千万不要小觑小力量的集合。当我们看到日本联合超级市场以中心型超级市场共同进货为宗旨而设立的公司的惊人发展后，就会有如此的感慨。

就在 1973 年石油危机之前，总公司设于东京新宿区的食品超级市场三德的董事长——堀内宽二大声呼吁："中小型超级市场跟大规模的超级市场对抗，要生存下去的唯一途径就是团结。"可是，当时响应的只有 10 家，总营业额也不过只有数十亿日元而已。但是，到 1982 年 2 月底，联合超级市场集团的联盟企业增加到了 145 家，加盟店的总数有 1676 家，总销售额达 2750 亿日元。而且，从第二年起，加盟的企业总数就增加为 178 家，继而 187 家、200 家、253 家，持续地膨胀。同时，加盟店的总数也由 1944 家增加为 3000 家，总销售额高达 4716 亿日元，遥遥领先大限、伊藤贺译堂、西友、杰士果等大规模的超级市场。

很多小企业、小公司在激烈的竞争中被冲撞得东倒西歪、飘飘摇摇，虽然也有顽强的生命力，但终难形成气候。它们要想在竞争中站稳脚跟，就得联合统一战线，共同出击，以群蚁啃象之势，迎接各种挑战。

东北有家非金属矿业总公司——辽河硅灰石矿业公司，其前身为辽河铜矿，因常年亏损，1983 年改换门庭，从事非金属矿的开发与经营，所开采的优质硅灰石全部销往日本、韩国，公司的效益也真正红火了几年。

据称，日本商人将石头买上船后，便在回日本的航程中将其加工成立德粉、钛白粉，然后中途返航，运往上海、天津等地。

辽河硅灰石矿业公司于 1990 年从日本引进加工生产线，掌握了生产立德粉、钛白粉的技术，并从 1992 年起开始生产建筑涂料。从 1993 年开始，其所产硅灰石滞销，生产的涂料市场滑坡，公司出现了严重亏损。1997 年，辽河公司宣布破产，原来的各分厂全部被私营单位买断。

1999 年，日商再次光顾辽河公司，与私营小公司老板商榷购买 200 万吨硅灰石粉的合同。可是，各自为战的小公司并没有这个魄力，也不可能在一年半的时间内完成合同任务。

眼看着煮熟的鸭子就要飞了，就在日商即将离开之际，辽河其中一家公司的经理郝为本横下心，与日商签订了合同。

郝为本心里清楚，如果不能按期交货，日商的索赔会让他倾家荡产，弄不好还得蹲大牢。但到嘴的肥肉总不能不吃吧？郝为本拿着合同，请其他几家小公司的经理聚到一起，认真研究，打算联合起来吃这条大鱼。

谈好任务和利益的分配后，几家公司便立刻行动了起来。经过有力的联合，辽河公司按时完成了任务。

上述事例正好印证了"虾米联合起来可以吞掉大鱼"的事实。因此，在现实生活中，当你觉得仅凭一人之力难以应付客户时，完全可以采取这种办法，把身边的伙伴联合起来，就像一根筷子容易断、一捆筷子不易断，这种小力量的集合会给你带来更多的收获。

与团队一同创造奇迹

如今的商界，靠单个人打拼很难拓宽市场，只有通过团队的力量才能提升企业整体的竞争力。作为企业的一名优秀员工，能够快速地融入团队中，自觉地服从团体的需要，把团体的成功看作是发挥个人才能的目标。他不是一个自以为是、好出风头的孤胆英雄，而是一个充满合作激情、能够克制自我、与同事共创辉煌的人，因为他明白，一旦离开了团队，他将一事无成，而有了团队合作，他便可以与别人一同创造奇迹。

蒋志国是一家营销公司的优秀营销员，他那个部门的团队协作精神十分出众，因此，每个人的成绩都特别突出。后来，这种和谐而又融洽的合作氛围被蒋志国给破坏了。

有一段时间，公司的高层把一项重要的项目安排给蒋志国所在的部门，蒋志国的主管反复斟酌考虑，犹豫不决，始终无法拿出一个可行的工作方案来。而蒋志国认为自己对这个项目有十分周详而又容易操作的方案，为了表现自己，他没有与主管商量，更没有向他提出自己的方案，而是越过他直接向总经理说明自己愿意接下这项任务，并向他提出了可行性方案。

他的这种做法严重伤害了部门经理的感情，破坏了团队精神。结果，当总经理安排他与部门经理共同操作这个项目时，两个人在工作上不能达成一致意见，产生了重大分歧，导致团队内部出现分裂，团队精神涣散，项目最终也在他们手中流产了。

一个团队之所以伟大，并不是因为某个成员伟大，而是因为他们是一个集体。正如海尔的首席执行官张瑞敏所说："就单个员工而言，海尔员工并不比其他企业员工优秀，但能力互补、具有良好团队合作精神的'海尔团队'的确是无坚不摧的。"

在现代社会，团队的力量远远大于一个个单独的优秀人才的力量。在当今世界，任何具有重大意义的科学研究、理论探索、技术工程等都不是凭借个人单枪匹马的奋斗能够完成的。

秋去春归的大雁在飞行时总是结队为伴，队形一会儿呈"一"字，一会儿呈"人"字，一会儿又呈"V"字，它们为什么要编队飞行呢？

原来，编队飞行能够产生一种空气动力学的节能效应。一群由 25 只编成"v"字队形飞行的大雁团队，能比具有同样能量但单独飞行的大雁多飞 70%的路程。也就是说，编队飞行的大雁能飞得更远。

当大雁向下扑翅膀时，在它的翼尖附近会产生一种上升流，每一只在编队中飞行的大雁都能利用到邻近它的另一只大雁所产生的这股上升流。因此，大雁只需消耗较少的能量就能飞翔。大雁的这种行为并不是出于它们对这种上升流的理解，而是感觉到这样飞行时不太费力，只需要调整它们的飞行姿势就行了。

以水平线形飞行的大雁也可以获得这种邻近升力，但以这种方式飞行时，中间的那只大雁要比排列在任何一侧飞行的大雁获得更大的上升助力。而在"v"字形编队中，这种升力的分布相当均匀，虽然领头的大雁所受到的空气摩擦力要比后面的那些大雁大，但这一点可由排在两侧飞行的大雁所产生的上升流弥补。排在"V"字形队末飞行的大雁只能从一侧获得这种上升流，那它消耗的能量是否多些？并不是这样，因为其他的大雁都在它的前面飞行，所以这种来自一侧的上升流是相当强的，而且大雁的这种"V"字形编队不需要绝对的对称也能具有这种升力特性，即排列在一侧的大雁可以比另一侧多一些。

一滴水是微不足道的，整个大海却是无限的；一个人的力量是有限的，而集体的力量却是巨大的。真正的成功来自于和谐的团队，只有企业中的全体员工紧密团结起来，才能产生巨大的力量和智慧，并最终走向胜利。

要树立集体荣誉感

无论是一个国家，还是一个民族、一个集体，甚至于一个人，没有精神力量是不行的。一个前进的国家，总会有一种奋发向上的精神。一个发展的民族，总有一种积极进取的意志。一个强大的集体，总有一种根深蒂固的集体荣誉感，它是团队持续健康发展的有力保证。每一个团队中的成员都应当对自己进行集体荣誉感的教育，都应该唤起对自己所在团队的集体荣誉感。

集体荣誉感是一种热爱集体、关心集体、自觉地为集体尽义务、做贡献、争荣誉的道德情感。它是一种积极的品质，是激励人们奋发进取的精神力量。在集体生活中，个人将逐步体会到集体荣誉与自己的关系，体会到个人在集体中的地位。当集体受到赞扬、奖励的时候，就会产生欣慰、光荣、自豪的感情；当集体受到批评或惩罚的时候，就会产生不安、羞愧、自责的感情，这就是集体荣誉感。

集体荣誉感是一个团队的灵魂，它是振奋精神、激励斗志、团结一心、艰苦创业的强大动力。一个缺乏集体荣誉感的团队注定是一盘散沙，结果必然是各人自扫门前雪，不管他人瓦上霜。

集体荣誉感能够增强团队的凝聚力。有了集体荣誉感，团队才有凝聚力，才有进取心，才有向上的朝气。

集体荣誉感能增强团队的战斗力。只有拥有了集体荣誉感，团队才有活力，才有奉献精神，才能招之能来，来之能战，战之能胜，无坚不摧。集体荣誉感是团队奋发向上、蓬勃发展的推动力。

一个没有集体荣誉感的团队是没有希望的团队，一个没有集体荣誉感的员工不可能成为一名真正意义上的优秀团队成员。有集体荣誉感的人，则会顾全大局，以集体利益为重，绝不会为个人的私利而损害集体的利益，他们甚至会为集体的利益而不惜牺牲自己的利益。他们知道，只有组织强大了，自己才能有更大的发展，他们明白唇亡齿寒的道理。如果一个人对自己的工作有足够的荣誉感，对集体引以为荣，他必定会焕发出极大的工作热情。事实上，往往那些有集体荣誉感的人才敬业爱岗、踏实肯干，才有可能被真正委以重任。具有集体荣誉感的人，在任何一个集体中都会受到欢迎和尊重。

有了集体荣誉感，才会敬业。具有集体荣誉感的人都具有强烈的责任心，集体荣誉感可以衍生出人对集体的归属感和责任感，使他更加珍惜和热爱自己的本职工作，兢兢业业，尽职尽责，敬业爱岗。也只有这样，才能不做任何与履行职责相悖的事，不做那些有损于集体形象、集体名誉的事。

有了集体荣誉感，才会有进取心。有了集体荣誉感，才会有自我修炼的渴望，团队才能形成比、学、赶、帮、超的良好氛围，团队成员才能不断增强其自我约束、自我完善、自我发展、自我提高的意识。

有了集体荣誉感，才会有合作。集体荣誉感能够增强团队的协作力，有了集体荣誉感工作才会不分分内分外，工作起来才能互相协作、紧密配合、相互支持、相互补台。因为目标一致，才能维护集体的荣誉，为集体增光。否则，就会面对工作，人人作壁上观，斤斤计较，不配合、不协作。

有了集体荣誉感，才会去修炼。修即学习，炼即实践。有了集体荣誉感，人才会更有上进心，才能像海绵吸水一样不断学习，才能"吾日三省吾身"，常知不足而进取。

集体荣誉感可以创造荣誉，荣誉也可以让个人获得更多的回报。只要我们尽职尽责、努力工作，工作也会赋予我们心理上的满足，回馈我们丰收的果实。

在一个团队之中，要想不断让自己获得动力、实现进步，让自己总是能够紧跟团队的步伐共同前行，那么集体荣誉感就是必不可少的。如果团队中的每个人都能积极树立起集体荣誉感，那么整个团队的凝聚力自然也就会更上一层楼。

把团队利益放在第一位

为了团队的终极目标，舍弃个人的私利，永远把团队利益放在第一位，这是团队中的每个成员都应该具备的基本素质，也是团队精神的最好表现。当你不再斤斤计较眼前的个人利益，而把目光放到更长远的团队利益上时，你才能说自己真正完全融入了这个团队，成为了团队中称职的一员。

在实际工作中，一些员工对团队协作工作没有热情，只专注于自己的小天地；缺乏主动性，拖拖拉拉；从不把团队目标当回事，认为其他人会努力达成这一目标，自己无需劳力操神。这种做法对团队精神是一种极大的损害，对于自己的发展同样也会造成巨大阻碍。

把团队放在首位，需要有一种持之以恒的付出精神。想从团队获得多少，那就要为它付出得更多。因为你的一切利益都来源于它，始终把它装在心里，它才会一直关注你。唯有实现团队的价值，个人的价值才会得到实现。

有个电器设备厂，因原料供应商出了事故，致使原料供应推迟了。为了能够按期完成合同，厂领导决定实行三班制，争取在合同期内完成产品的供应，这时有的员工就出来说话了："我身体不好，不能加夜班""我孩子小，晚上不能没有人照顾""我不赚这个加班费，也不受这个累。"厂里只得实行两班制，取消了夜班计划。最后因时间紧迫电器厂没有按期交货，货主按照合同规定扣除了违约金，厂方受到损失，使奖金福利的额度大大减少。直到此时，这些员工才知道后悔。

世界上的许多知名团队、优秀团队之所以成功，很重要的一点就是每个员工都有很强的团队意识，把公司、团队利益放在第一位的意识，个人利益服从团队利益的意识。可见，团队与个人利益是建立在共同利益的基础之上的，只有将团队利益放于高于一切的基础上的位置，服从组织做出的正确决策，才能在团队获得进步的同时得到最大的个人利益。

　　离开了团体，个人的优势也将无从谈起，所以在做任何事时都该从团体的大局出发，凡是有利于团体的事就要主动、认真地去完成它，力求做得好一点、快一点，要深刻明白"一荣俱荣，一损俱损"的道理。想办法把事情做好，切不可错失良机，在团队中，更要树立"我为人人，人人为我"的思想。

　　在这个讲求合作的时代，没有高度统一的团队精神，没有全体参与者的默契与分工合作，要完成一项事业是不可能的。团队业绩是成员共同贡献的集体成果，也是每个团队成员获得个人利益的前提与保证。所以，首先要保证团队利益，然后才会有个人利益，因为个人利益来源于团队利益。认清这个道理，从今天起真正为了团队的共同目标自觉地担负起责任来，心甘情愿地为此而奉献吧。

发挥团队最大的力量

团队之所以称为团队，就在于团队靠的是集体的力量，靠的是团结众人，然后合力朝着一个目标奋勇前进，可谓是一荣俱荣、一损俱损。所以有人说，在一个失败的团队中，没有人称得上是成功者；而一个成功的团队，却能成就其中的每一个人。

作为团队领导，我们要做的就是像砌墙工那样将团队中的每一个人都利用起来，通过我们的安排和布置，将他们放到不同的位置上去，形成坚实的"墙"，以发挥这个团队最大的力量。这也是我们作为团队领导最重要的价值所在。

在自然界中，狼是集体作战的动物，它们最讲究配合和战术。狼的可敬之处就在于它们密切协作，绝不提倡孤军奋战，也不提倡个人英雄主义。

在蒙古草原有"飞狼"的传说，这里所说的"飞狼"并非字面上的意思，而是说，当羊圈的围墙太高，狼无法跳进去时，它们就会采用一种特别的方式"飞"进去。

根据有幸目睹过"飞狼"的牧人回忆，这种"飞行方式"很简单，就是一头最大的狼在墙外斜站起来，后爪蹬地，前爪撑墙，用自己的身子给狼群当跳板，然后其他的狼从几十步以外的地方，冲上来蹬在大狼的背上，再踩着大狼的肩膀跳进羊圈。

然后，这些进去的狼在捕到羊之后，又会采用同样的方法跳出羊圈。这样一来，不管牧羊人把羊圈设得多高，狼群总能获得食物。

草原上的老人们总是说："草原狼群的集体观念特别强，除非遇到特殊情况，否则，它们不会落下任何一个兄弟和家人。在自然界，狼群少有与之抗衡的对手。"

在整个大环境都是集团化作战的今天，一旦团队失败了，那么这个团队中的每一个人其实也都是失败的。相反，如果一个团队取得了成功，那么即使是团队中业绩最差的那个人也必定能有所收获。

赵小姐最近刚刚荣升经理，可谓是春风得意、志得意满。然而，她没高兴几天就遭遇了一场"华丽"的失败，这令她意识到了自己的不足，尤其是作为一个领导的不足。

事情的起因是公司提出的一个销售活动：3月份销售业绩最高的团队，将获得由公司总部所提供的"泰国两日游"，奖励对象包括该团队中的每一个成员。

得知这个消息后，赵小姐高兴得不得了。巧的是她最近和男朋友正想找个时间去泰国旅游，没想到公司竟然提供了这么好的机会。她想，自己还是运营专员的时候业绩就已经非常好，现在又当上了经理，手底下有一大帮人，夺得冠军肯定没跑了。

然而，经过一个月的拼杀，赵小姐沮丧地发现，虽然她个人的业绩非常好，但她带领的团队的总业绩却排在了公司100多个团队中的二十几位。

自然，她的"泰国两日游"计划泡汤了。反倒是她以前的经理所带领的团队，虽然只排在第十，但比起以前却是一个大进步，所以每个成员都突破了自己的业绩目标。

团队的意义就在于，每一个团队成员的利益和团队的利益都是绑定的，成就团队的同时也是在成就自己。正因如此，好的团队才能团结众人的力量，发挥出最大的威力。

作为团队领导，要做的正是将团队的目标与员工的目标结合起来，通过这种小船推大船、大船推小船的方式实现彼此的共赢。具体来说该怎么做呢？

（1）采取实物激励，让员工意识到团结的好处

举个例子，刘先生是某中介公司的一个团队领导，手底下有五六号人。为了使员工团结合作，他常常会采取这样的奖励方式："如果这一周你们每个人都能完成两个客户的推进，那周末休息的时候大家就去K歌。"当然，K歌费用由团费出，不过饭钱会由刘先生付。

虽然该奖励本质上有一部分用的是团费，是大家的集资，但对于集体娱乐的向往仍然激励着员工们的工作热情。并且，为了实现"每个人都完成两个客户的推进"这一目标，那些提前完成任务的员工还会主动帮助进度落后的员工，带动他们高效地工作。

（2）多营造团队成员之间的互动

举个例子，某电子游戏公司的小经理王先生常常会利用午餐时间将团队成员拉到一张餐桌上进餐，大家在进餐的时候会讨论一些有趣的八卦新闻以及业余爱好。而每逢周末，只要有时间，他就会组织大家一起到自己家里聚餐。大家各自掏钱买自己最喜欢的菜，自己动手或请同事帮忙。正是通过这一次又一次的互动，他和员工之间以及员工与员工之间建立起了高度的默契。

还有的团队领导，通过经常进行团队文化建设或开展团体旅游等来促进团队的和谐以及成员之间互帮互助的氛围，推动团队的团结。

总之，团队和每一个成员的关系是独立而又统一的整体。如果团队失败了，即使其中某个成员再怎么出色也无济于事；而如果团队整体取得了成功，那么团队中的每一个成员都将受益。作为团队领导，维护团队的团结是我们重要的任务。

让不同能力、性格的人优势互补

马云曾经说过："唐僧是一个好领导，他知道孙悟空要管紧，所以要会念紧箍咒；猪八戒小毛病多，但不会犯大错，偶尔批评批评就可以；沙僧则需要经常鼓励一番。这样，一个明星团队就形成了。"在马云眼中，唐僧的"取经团队"就是最完美的团队。

为什么这样说？因为在"取经团队"的成员之间具有近乎完美的互补性。比如，唐僧本事不大，但能把握大局，且执着于目标的实现；孙悟空忠心耿耿、能征善战，适合打头阵；沙僧老实巴交，最适合搞基础工作；猪八戒看似一无是处，但能讨领导欢心、能调节气氛。此外，还有各方面都均衡的小白龙，可在某位师兄不在时暂时顶替他的工作。

这样一来，一个技能可以互补、优势可以结合、团队结构组成合理的团队就形成了。而在管理中，一个互补性好的团队往往具备了超强的执行力和应对磨难的实力与勇气，以及经受得住风吹雨打的稳定性，而这正是一个团队取得成功的重要前提。

某企业营销部的张经理是一个很有市场头脑的人，由他独自操作的市场营销项目无不获得较好的成绩。但遗憾的是，他缺乏整体组织与规划的能力。而营销部的业务员李先生却颇有运筹帷幄的头脑，但对营销部的具体工作不大适应。

企业老板发现了这个问题后，及时地把李先生提升为营销部副经理。这样，张经理负责具体的市场营销项目，李先生负责整个营销部的规划和调节工作。两人取长补短、相得益彰，使营销部的工作既有条不紊，又有重点突破。

现代企业的内部管理、经营决策、业务管理、市场开拓等工作，都是复杂的系统工程，需要多种知识与技能的联合运用。而在知识爆炸时代，任何一个人都不可能掌握所有的科学技术知识和生产技能，需要与不同专业及特长的员工通力合作。

与此同时，现代团队的成员多来自于五湖四海，擅长不同领域的工作。因此，将这些专业不同、经历不同、个性不同、背景不同的人团结在一起，串联他们各自的优势，形成高效的团队，就成了团队领导的重要工作，当然这也是这个团队最有力的"杀器"。

正如时下流行的团队竞技游戏，一个合格的团队既要有血量高的战士抵挡住敌人的伤害，又要有"输出"高的法师打击敌人，还要有远程火力覆盖的射手，以及帮大家回血、加速的辅助人员。如果队伍里全是战士或法师，就容易被敌人专项针对，这个道理在团队管理中也是适用的。那么，具体来说，领导要如何打造这种互补性呢？

（1）不要总想着统一员工们的意见

很多团队领导总想着统一员工的意见，希望自己的团队只有一种声音。实际上，这样做反而阻碍了团队的发展。不要排斥那些意见不同的员工，多听听他们的声音，我们就会发现团队中一些潜在的问题，以及我们平时没有注意到的地方，进而加以改进。

此外，不同的意见还可以提供不同的思考角度，拓宽团队的思维模式和视角，为团队的发展提供新的思路。另一方面，领导也可借此提高员工的工作积极性。

（2）正确利用"马屁精""猪八戒"这类员工

古人常说，功高震主。的确，在一个团队中，像孙悟空这类能力拔尖儿的成员，如果不加以制衡，在功劳簿的刺激下，他们很容易生出不可一世的心态来，不说轻视领导的存在，最怕的是藐视领导的命令以及其他员工，这对团队的稳定和谐极度不利。

这个时候，就需要"猪八戒"这样的可以制约"孙悟空"的角色了，他们既能搞好成员之间的关系、维护领导的威信，又能让"孙悟空"保持头脑清醒，不至于刺伤团队。可以说，"猪八戒"正是领导的"双刃剑"，用得好便能促进团队的和谐。

（3）要敢于接受与众不同的员工或想法

意见不统一，是团队的优点而非缺点。作为团队领导，应具备海纳百川的胸襟，敢于接受那些在常人眼中与众不同的员工，以及那些别具一格的想法。深入了解他们，找出其中有用的东西，以此推动团队的进步，往往会收到令人意想不到的效果。

总而言之，团队就是由一群不同能力、不同性格，但有相同目标的人所组成的一股集体力量，而一个好的团队则是将这些不同的能力和性格进行优势互补，使之成为一个有机的整体，以期爆发出最大威力。作为团队领导，要做的就是详细了解这些不同，然后将它们进行科学的搭配，使其不可阻挡。

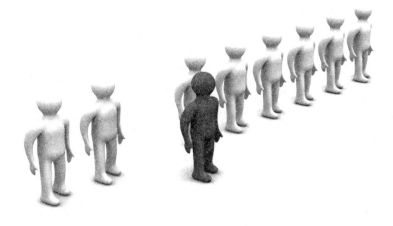

第十章

针对病症下药，不同员工要用不同的方法对待

即使背景特殊也绝不姑息

无论在哪个团队，都难免会存在这样一些角色：他们背景特殊，或是某公司高管的亲戚，或是某政界大佬的儿女，又或是某大股东的"海归"后代。

总之，他们的后台很硬，硬到团队领导都不得不忌惮三分，明知道他们犯了错，却不敢像批评普通员工一样批评他们；明知道他们飞扬跋扈、胸无点墨，却不敢理直气壮地说："你们不适合我的团队，请另谋高就吧！"

几个月前，某公司的经理在网上发帖求助：这段时间，我的部门来了一个新员工，能够感觉到她后台非常硬，她本人的工作态度不太好，交代的事情老是不去做，或是拖延很长时间才做，还做不好，返工十几次都不行。我觉得她不是能力差，而是态度不端正。她总想跟我唱反调、抬杠。而且，每当我开会的时候，她总是积极发表意见，说一些很不利于管理与团队和谐的话。由于她的到来，我的团队已经受到了严重影响，日常秩序被破坏，团队里的其他员工也是敢怒不敢言。各位亲们，我是真不知道该怎么办了，求大家支招。

很多时候，这些背景特殊的员工会令团队领导们感到烦恼。不管怎么说，领导在面对他们的时候难免会顾忌到站在他们身后的人。把他们当作普通员工吧，担心会惹来对方后台的不满；予以特殊照顾吧，又担心对方得寸进尺，引起其他员工的抗议。

不得不承认，对于这些有来头的人，如果我们单纯地用同一把尺子去约束他们，更多的可能是适得其反——得罪他们的后台，这对我们日后的职场生涯是不利的。但如果放任自流的话，则会破坏团队的团结，对身为团队领导的我们而言，这是灾难性的后果。那么，我们到底应该怎么办呢？或许，不得罪也不偏袒是一个不错的选择。

通常来讲，这些有后台的员工大致可以分为三类：一类是骄横跋扈，但没有真实力的"二世祖";一类是有实力,但心高气傲的嚣张人士;至于这最后一类嘛,人品、德行尚佳,不用领导费心,他们自己就能把自己放在一个普通员工的位置上。

对于第三类员工,领导其实不需要为他们纠结,就把他们当作普通员工处理就好,有功就赏、有过就罚。我们真正需要谨慎对待的是第一类和第二类员工。具体来说,对于第一类的"二世祖"型没有什么实力的员工,我们最好能做到以下几点:

(1)拒"敌"于门外,不让他们进入自己的团队

俗话说,最好的防御就是"御敌于国门之外",不让问题发生。因此,在接纳这些有后台的员工之前,领导就应该严把质量关,对于那些人品、德行以及工作能力不行的人能拒绝就拒绝,将他们挡在自己的团队之外。如果领导这样做的话,自然不用担心他们生事。

(2)以退为进,先给对方戴"紧箍咒"

在万般无奈的情况下,如果领导实在拒绝不了这些员工的加入,那么可以采取以退为进的策略,告诉对方:"介绍你来的人是希望你为他争光,所以你一定要好好干,争取不负众望,不要给介绍你的人丢面子。"这样就相当于给他戴上了"紧箍咒"。

(3)适度表扬,避免对方恃宠而骄;适度批评,避免对方"火山爆发"

这种类型的员工大多情绪善变,别人称赞他们时容易恃宠而骄,而别人批评他们时又容易恼羞成怒。因此,在工作中,如果他们有良好的表现,抑或犯了错误,领导一定要注意表扬和批评的尺度,尽量让他们处在"不温不火"的安静状态。

那么,对于那些飞扬跋扈、品行不高,但却具备良好工作能力的"后台型"员工,领导又该怎么办呢?诚然,这样的员工不缺办事的能力,但他们往往会破坏团队整体的团结。因此,领导一定要秉持这样一种态度:当他们犯错时绝不能姑息纵容,助纣为虐,一切当以大局为重。具体来说,面对这样的员工,我们不妨参考以下几点建议:

(4)祸水东引,举荐他们另谋高就

一些有才华又有背景的员工,往往容易陷入一种眼高于顶、自命不凡的怪圈。在他们眼中,领导的能力根本就比不上自己,于是他们不听调令,讲个人英雄主义,视团队合作和上级命令为儿戏。针对这种员工,领导可以逆

向思维，主动助对方晋升。

明朝时期的海瑞，仗着自己清名远扬、才华横溢，频频跟上司发生冲突。民间戏说，海瑞的上司都指挥不动他。后来，大臣们就想出了一个办法：只要海瑞到自己帐下任职，就向皇上举荐他。结果，要不了多久，海瑞就迁走了。

在实际管理中，领导也可以效仿此道。针对那些不听调令、恃才傲物的员工，利用晋升渠道或更高层管理者的力量将他们送走。如果领导这样做的话，对方不但不会恨我们，还会感谢我们。这样一来，不但可以维护团队的稳定，也替自己消除了隐患，真可谓是"一石多鸟"了。

（5）发挥"群众"的力量"赶走"对方

不近情理、恃才傲物的人，通常是恃强凌弱的害群之马，在工作中他们往往会犯众怒。此时只要领导振臂一呼，可谓"人人喊杀"，甚至他自己也会觉得待不下去了。

在任何一个团队中都可能会有这样的人存在，他们因为背景不凡，给领导的管理带来了诸多麻烦。这个时候，作为团队领导，为了维护团队的稳定，营造良好的工作环境，应该从大局出发，既不得罪他们，但也绝不姑息纵容。

处理员工之间的矛盾需冷静

在实际管理中，当员工之间出现摩擦时，领导一定要首先保持冷静，千万不要风风火火地着手处理，更不能火冒三丈，刺激矛盾双方或偏袒某一方，这样做只会引发员工的不满，无异于火上浇油。有时候，让大家都冷静一下更加有利于解决问题。

在一个项目推广策划书的问题上，年轻的小刘和师傅雷先生发生了冲突。他觉得师傅的理念都过时了，迎合不了年青一代客户的需求。而雷先生则认为自己在这行里混了 10 来年，经验肯定比书本上的理论靠谱。两个人的意见无法统一，最后找到销售部经理评判。

经理没有多说什么，只是让两人签了三个月的"军令状"，把该办事处的市场划分为两块，让两人各管一片，约定谁负责的辖区综合指标更好就按谁说的做。

在接下来的三个月里，雷先生利用自己的丰富经验把市场做得有声有色。而小刘也不甘落后，业绩同样做得很出色。三个月后一评比，两人的业绩不分上下，而整个办事处的销售业绩与去年相比也有了很大提高。雷先生和小刘之间的矛盾亦轻松化解了。

可见，掌握解决矛盾的方法是很重要的，要因人、因事、因地、因时灵活而变，不能千篇一律。如果一味地发火、摆领导架子，只会让员工的情绪更激动，甚至会让员工之间的矛盾升级为员工与上级之间的矛盾，这样一来，问题反而更难解决了。

通常来讲，员工之间的矛盾大多是因为公事上的纠纷，因此，当"官司"打到领导面前时，领导绝不能同时向两人问话。毕竟，此时双方的火气都处于顶峰，如果仓促谈话，最大的可能就是他们会当着领导的面大吵大闹，弄得谁也下不来台。

涉及到嘴上的争斗，历来都是"公说公有理，婆说婆有理"，因而如果不清楚整个事件的来龙去脉和具体细节，领导最好不要充当"大法官"。这个时候，领导不妨给双方分别倒上一杯茶，先让他们平复一下心情；等到他们平心静气了，再把事情捋一遍，然后再商量解决的办法。

当然，员工也会因为生活上的一些事爆发纯粹的、私人领域的矛盾。这个时候，领导仍然不能袖手旁观，因为私事上的矛盾会直接影响到工作。为了保证团队的和谐以及员工之间的亲密合作，领导必须挺身而出。那么，具体来说，领导应该怎么做呢？

（1）"让子弹先飞一会儿"，等待双方冷静下来

经验丰富的猎人都知道，在猎物狂暴的时候，正确的做法应该是管好自己的手，"让子弹先飞一会儿"，如果强行与之发生对抗，结果只能是鱼死网破。同样，在调解员工矛盾的时候领导也不妨运用一下"冷暴力"，不继续刺激双方，也不急于表明立场，而是送上我们的微笑，说一句："大家先喝杯茶，有话好好说。"

（2）冷静过后，"单独接见"，分别问话

两个正在闹矛盾的人，如果我们强行让他们共处一室，有理说理、无理认错，这是极度不现实的。再怎么说，双方也会有尴尬的感觉，而且很容易爆发更大的冲突。理智的做法是将矛盾的双方分开处理、分别谈话，聆听他们的想法并进行疏导。

（3）不要盖棺定论，法官不好当

很多领导都喜欢充当审判者的角色，草率地以自己的价值观去判定一切，告诉员工"在这件事情上你做得不对，很有问题"。这样的处理方式是不恰当的，被指责的那一方会觉得领导偏袒对方，刻意针对自己。如此一来，不但化解不了矛盾，还可能搞出更大的乱子来。其实，领导不需要急着裁决对错，只需要对他们进行心理疏导，缓解他们的坏情绪。

（4）以和为贵，风平浪静之后再给予建议

松下幸之助曾经说过，团队一切以和为贵。在处理团队关系上，领导不要总想着"辩个输赢，凡事追求黑白分明"，先争取让矛盾双方忘掉这次不愉快，这才是最重要的。等到双方能够真正心平气和地坐下来谈了，再委婉地给予建议，这才是明智的选择。

总而言之，当员工之间产生矛盾冲突时该如何妥善处理，是对团队领导

的一大考验，看似简单的冲突背后，往往牵扯极广，各种问题也有着千丝万缕的联系，因此，领导在处理这些问题的时候，一定要头脑清醒。俗话说，"钓鱼不在积水滩"。让矛盾先"冷却"一会儿，然后再进行调解规劝，其效果远比我们一上来就破口大骂评判是非要好得多。

不要轻信员工的"小报告"

当年，林则徐坚持实行禁烟，虽然这是一件利国利民的大好事，但却大大损害了某些官员的利益。一个叫琦善的人多次在皇帝面前打林则徐的"小报告"，起初皇帝并不信，然而在这伙人的一再污蔑下，皇帝最终听信了谗言，将林则徐革职查办。

诚然，这样的佞臣罪大恶极，是历史的罪人，活该下地狱，但我们也应该看到，多少英雄豪杰不是死在战场上，而是死在了小人的谗言之下。有人的地方就有江湖，有江湖的地方就少不了争斗。作为团队领导，我们应时刻警惕，慎重对待员工的小报告。

庆云是某公司生产部的经理，最近正为一件"小报告"事件而烦恼。事情的经过是这样的，生产车间的主任志辉几天前在工作期间到休息区抽烟，这一情况被员工小范发现了。小范就借着向庆云请示工作的机会，将此事汇报给了他。

他对庆云说："志辉最近也不知道是怎么了，时不时地就去车间的休息区抽烟，搞得乌烟瘴气，多影响大家的工作啊！而且，二手烟对身体健康多不好啊！"

听了小范的话，庆云平静地说："我知道了，谢谢你反映的情况。我会亲自跟他沟通的。你能关心大家的健康，很不错！如果没有别的事情，你先去工作吧。"

其实庆云很清楚，志辉最近多抽几支烟是有原因的。他的老婆病了，孩子又临近升学，公司最近又在赶进度，他的压力很大，多抽几支烟也是人之常情。

本来，这件事他知道就好，大家心照不宣，可既然被其他人注意到并提了出来，他也只能有所"表示"。最终，他找到志辉，关切地问问了他家里的情况，让他不要担心，同时也提醒他尽量少抽烟，身体要紧，更重要的是要注意分寸，不要给人落下把柄。

面对小范的小报告，庆云的处理可谓漂亮，既没有批评小范，也没有批评志辉。相反，他表扬了小范关心大家工作、身体的积极态度，又对志辉表达了关切。这样做不仅让小报告无处存活，还让员工感受到了领导的人性关怀，可谓一举两得。

员工向领导打另一名员工的小报告，这样的现象实在是太平常了。很多团队不是毁在对手的手里，而是毁在了领导的手里、毁在了小人的嘴上。如果领导轻信员工的小报告，草率做出决定，那么很容易被小人牵着鼻子走，最后导致团队利益受损，甚至团队解散。

通常来讲，爱打小报告的人大多不是什么好人，他们要么心胸狭隘、嫉贤妒能，要么虚伪狡诈、私欲膨胀、自私自利。因此，对于爱打小报告的员工，领导一定要慎重对待、认真分析，然后再深入细致地去调查，以免冤枉了好人，让心怀不轨者得逞。

然而，有很多领导想要更多地掌握员工日常工作情况，竟有意无意地尝试通过小报告等手段来监督、控制员工的行为，主动在员工群体中打入"探子"，营造一种打小报告的氛围，这是极不妥当的，可以说是在打开"潘多拉的盒子"。

如果团队中形成了打小报告的风气，首当其冲受到影响的就是员工间的信任感与合作意识。在这种情况下，大家都将彼此视为潜在的"敌人"，充满了戒备和防范，这对团队工作是大大不利的。因此，面对小报告，领导最好参考以下几点建议：

（1）要释放一种信号：我并不鼓励打小报告

不可否认，领导的喜好绝大多数时候是员工的行为风向标。所以，在面对各种小报告的时候，领导一定要表明自己的态度："哪怕对方说的是事实，我也不鼓励你以这种打小报告的方式告诉我。你可以堂堂正正地向我汇报，但不能采取这种方式！"

领导表明了自己的态度，员工才会意识到打小报告是一种不好的行为，至少不为领导所喜爱。如此，大家才会尽量约束自己，进而让团队里少一些"歪门邪道"。

（2）"明修栈道，暗度陈仓"

在实际的管理中，总有一些小报告是怎么也无法避免的。这个时候，领导不必急于做出决定，应当先冷静倾听员工的小报告，理智地分析他的小报告；若有必要，可以暗中调查了解小报告内容的虚实，然后再做出回应，尽量客观公正地加以处理。

（3）正确引导爱打"小报告"的员工

如果对员工的小报告充耳不闻，甚至直言："对不起，我不听小报告！没别的事，就请你去工作吧。"这样很容易伤害员工的自尊心。领导可以不把他们的小报告当真，但也不要直接否定对方，应当主动引导他们，让他们认识到这种行为不妥。毕竟，有的人打小报告纯粹只是随口一说或真心为了团队，心思没有那么坏。

总之，国有国法、家有家规、作为一名团队领导，在做人做事上应当有一套正确的规范。不说做到"用人不疑，疑人不用"，但至少像打小报告这种行径是不应提倡的。肃清龌龊，树立团队的清正风气；才是领导该做的。

对付刺儿头员工有方法

在唐僧的团队中，最有能力的人莫过于孙悟空，奈何这位妖王桀骜难驯，不像另外两个徒弟那样易于管教。所以，为了防止他搞出大乱子，影响到取经大业，观音菩萨给唐僧提供了一样法宝：紧箍咒。只要孙悟空不服管教，唐僧就会通过念咒来"说服"他。

在现实生活中，像孙悟空这样的员工不在少数。他们神通广大、能力超凡，却又个性鲜明、我行我素，更是桀骜不驯、不服约束。一言以蔽之，他们既有团队发展所需要的能力，又有对团队构成威胁的破坏力。通常，我们称呼他们为"刺儿头"。

刺儿头员工的管理问题，是每个领导都回避不了的。对待，这类员工不能简单地杀之而后快，因为这里面的确是精英荟萃、高手如云，一刀切只会给团队带来损失。因此，领导如何处理与他们之间的关系、如何处理与刺儿头之间的矛盾，将直接影响到团队的发展。

浩南是一家运输公司的资深业务员，因为他在这个行业已经干了五年，再加上个人能力出众，他的手上掌握了大量客户资源，在公司堪称业务组的老大。

也正因如此，才养成了浩南不可一世的性子。他全然不把其他同事放在眼里，在面对新人的时候更是摆足了架子。更有甚者，他还频频"欺负"自己的顶头上司郭经理，处处与其作对，比如不遵守对方指定的作息表、在对方讲话时发出噪音等。

浩南的所作所为给公司尤其是给郭经理带来了不小的麻烦，但郭经理又很无奈。如果直接辞退浩南，势必会影响到公司的业绩，而且以浩南的强硬性格，指不定会闹出什么乱子来；可如果任由他这么继续闹下去，将大大地影响到公司的发展。

一时间，郭经理和其他高层也不知该怎么办，双方就这样僵持着。

管理学上有一个"酒与污水定律"，意思是把一匙酒倒进一桶污水里，将得到一桶污水；把一匙污水倒进一桶酒里，得到的还是一桶污水。由此可见，污水和酒的比例并不能决定这桶东西的性质，真正起决定作用的只是那一勺污水。只要有它，再多的酒都成了污水。这说明了什么呢？对于坏的组员或东西，要在其开始造成破坏之前就及时处理掉。

通常来讲，刺儿头大多傲慢自负，却又有着高学历、高技艺以及丰富的经验。然而，刺儿头越有才能，他们的危险系数就越高。有才无德是"危险品"，一个不服管教却极具能力的人进入团队，只会将团队合作与信任的基础破坏殆尽，最终导致团队的崩溃。

所以，团队领导常常面临这样一个选择：是选择一个能力强但不服管的员工，还是选择一个和谐的团队？美国名将麦克阿瑟说过："人才有用不好用，奴才好用没有用。"想要团队得到发展，领导就必须任用有才的人，但在这之前必须先备好"紧箍咒"。

大多数刺儿头之所以傲慢、不服从管教，无外乎是依仗自己的才能，认为自己有别人不可替代的优势。只要明确了这一点，领导就可以对症下药，比如显示出比对方更强的专业水平和能力，让他们不要"嘚瑟"。具体来说，领导可以采取哪些措施呢？

（1）用强力的制度约束对方，让他无话可说

不管什么时候，用制度管人都是最公平的，可以让对方无话可说。有人说过，可以让员工不怕领导，但一定要让他怕制度。孙悟空一棍子就可以打死唐僧，但只要他犯错，唐僧就会用"紧箍咒"教他做人，所以孙悟空再桀骜不驯也得按规矩办事。

（2）把他们放在有难度的岗位上，用工作约束他们

由于自负，刺儿头大多是一副"天老大，我老二"的样子。这样的人最受不得别人小觑，领导可以利用这一点，把他们安排到难度相对较高的岗位上，充分授权给他们，让他们尽力去"折腾"。能够独立把工作做好，那是天大的好事。而如果做不好，在给予必要帮助的同时，领导也可以光明正大地操练他们，让他们了解到自己的真正水平。

（3）有针对性地提供个性化激励

调查显示，相比于一般员工对薪水的追求，这些刺儿头员工大多有着与

众不同的利益诉求，有的比较关心工作的参与感，有的则注重工作过程中的体验，还有的喜欢享受攻克难关后的成就感。因此，领导可以通过个性化服务来调动他们的热情。

（4）准备好替代对象，让他们知道自己并非不可或缺

解决问题要从根源着手。既然刺儿头们觉得自己对团队不可或缺，那么领导就可以此入手，培养出能够替代他们的对象来，告诉他们"花儿为什么这样红"。哪怕后者在能力上有所不及，但只要能够胜任前者的工作也是可以的。同时，对那些自以为手握团队重要资源，以此为依仗闹事的人，就要想办法架空他们，剥离他们手中的资源。

（5）领导带兵，终究还是要以情动人

当然，当下是一个"此处不留爷，自有留爷处"的时代，想要留住人才、收拢人心，让团队具有真正意义上的凝聚力，即使失败也能站起来，领导还须以情动人。只有从内心征服、感动员工，让员工认可自己，才能彻底避免团队中出现刺儿头。

其实，从某种意义上来说，一个团队正是有了刺儿头的存在才有了创新力和活力。如果领导能够妥善处理与他们之间的关系，刺儿头便可成为团队的财富。作为团队领导，我们要做的是找到一种"紧箍咒"，再用它来引导刺儿头，使其成为团队的动力。

不让 "爱哭的孩子" 有奶吃

人们常说，会哭的孩子才有奶吃，于是很多员工有事没事就向领导 "哭穷"、诉苦，似乎只有这样做才能让领导看到自己的工作成果和态度。而我们的很多领导也非常吃这一套，总是将更多的精力放到这些 "会哭的孩子" 上而忘了老实人。

然而，对于团队领导来说，只关注 "会哭的孩子" 而忽略 "不哭的孩子"，这本身就是一种不公平的管理方式。其实，在大多数时候，给 "会哭的孩子奶吃" 就意味着 "让老实人吃亏"。时间一长，团队中就会滋生 "骗奶吃" "依哭施喂" 等乱象。

三个月前，小梅的团队新加入了一个男孩，本地人，人长得不错，特别会 "撒娇卖萌"。刚到公司没几天，他就跟大家混了个脸熟，尤其喜欢在领导面前 "扯皮"。

有一次，领导交给他一项任务，明明大部分都是小梅完成的，结果在验收工作成果的时候他却滔滔不绝，说自己为了完成任务是如何辛苦、如何卖力。

听他这样一说，让领导很是受用，将大部分功劳都给了他。之后的几个月，这样的事接连发生，真正为完成工作而辛苦的人得不到嘉奖，要嘴皮子的人反而大受表扬。

最后，小梅终于受不了了，性烈如火的她直接向公司递交了辞职申请，连带着另外两名同事也辞职了。用他们的话来说，一个连推销的广告词都写不好、打印机都不会用，甚至连 office 软件都不会用的人，竟然频频抢夺功劳，这样的团队不待也罢。

当下有很多人都把"哭"当成了一种"要奶吃"的手段，他们之所以"哭"，只是为了得到更多的回报，让自己更轻松甚至逃避责任，而非出于实际需要。面对这样的"哭"，领导应当严词拒绝，以端正团队的风气，营造出良好的氛围。

然而，实际情况却是，很多团队领导只看到了员工在"哭"，却没有认真分析他们的真正目的，盲目给予更多关注和帮助，而忽略了那些真正需要关注和帮助的人。这就导致了团队里不想做事、好逸恶劳的人"哭一哭"就可以免去责任、得到嘉奖，而真正付出努力和辛苦的人却因为"不会哭"而被漠视的现象。

这对一个团队来说是致命的。这些"爱哭鬼"的存在，极大地破坏了团队的公正性以及员工的积极性，导致越来越多的人不愿工作，靠着"以哭骗奶吃"的把戏蒙混过关。时间一长，团队就不像团队了，倒更像是一群溜须拍马、惯于钻营之人的集合体。

试问，这样的团队有什么未来可言，这样的领导又如何使人心服口服呢？可见，领导一定要慎重对待那些"爱哭的孩子"。那么，具体来说，领导应当怎么做呢？

（1）不要急着给"爱哭的孩子"奶吃

领导管理团队不能感情用事，遇到员工诉苦、抱怨或炫耀他的功劳，不要急着为对方提供帮助，先冷静思考一下对方是不是真的需要帮助，他的反映到底属不属实，"给他奶吃"符不符合团队的管理流程，会不会影响到其他员工？把这些问题考虑清楚了，领导再做决定也不迟。

（2）制度面前人人平等，绩效面前赏罚分明

在实际的管理工作中，很多领导在遇到"爱哭的孩子"时，为了平息事端，就会丢"一块糖"。明知这样做解决不了问题，但出于种种原因，还是宁愿采用这种息事宁人的处理方法。其实，这种情况下应坚持制度面前人人平等的原则，不予理会便可。

（3）关注老实人，不让老实人吃亏

诚然，会哭的孩子更能引起妈妈的注意，但对于母亲来说，她永远不会因为过分关注这个孩子而忘了另外一个孩子。领导也应该这样，在关注"会

哭的孩子"的同时也不要忘记那些"不会哭"的员工，尤其在他们需要给予"奶"吃时。企业家任正非曾多次，"绝不让老实人吃亏"。只有这样，那些努力做事的人才不会感到委屈，员工也才会付出努力。

总之，作为团队领导，我们应当尽量客观、公正地考虑问题，面对那些"爱哭"的员工要能够慧眼识人，通过现象看到本质。如果对方是出于工作的实际需要，那么"给予奶吃"倒也无可厚非，但如果只是想要"骗奶吃"，那么就要予以无情的打击。

对倚老卖老的员工也要按章办事

在职场上，有些人表面上答应得很好，但之后仍然会按照自己的工作方式我行我素，到提交结果的时候找各种借口、各种推脱；表面看起来很配合，但细看会发现，提交的东西完全达不到标准，让他重新做，他便表现出各种抱怨、各种反抗。

这便是人们常说的职场"老油条"、团队"老人精"，他们熟悉各种套路，见识过不同领导的管理方式，也掌握着各种逃避责任、反驳上司以及偷奸耍滑的技能。很多时候，面对这些家伙，领导除了眼睁睁看着他们倚老卖老耍威风之外，别无他法。

更有甚者，他们还能利用丰富的经验以及对领导喜好的精准把握，迅速找到领导言行中的漏洞进行猛烈攻击；再不然就是公开不配合工作，摆出一副"你拿我没辙"的样子。这时，要么你说服他，要么压制住他，否则很多工作都进行不下去。

霜霖最近晋升为公司财务部经理，她的团队中有个老会计，资历老，虽然没职位，却长期把持着重要的对外税务关口和公司内部账。前任经理对她也很客气，养成了她倚老卖老、出工不出力的毛病。她平时上班总偷着看电视剧、玩游戏，让别的员工很不满。

霜霖荣升经理后找她谈了一次话，委婉地表达了自己的意见，对方表面上没说什么，背地里却开始跟她作对，还私下里让财务部的同事"垫黑砖"，这让霜霖非常恼怒，但又不好发作。

关键是，这个老会计已经 52 岁了，霜霖实在不想和她起冲突，但是作为财务经理，面对这样一名倚老卖老的员工，她又实在做不到置之不理。霜霖现在很困惑，不知道自己应当怎么办了。

通常来讲，一个团队经营久了，自然会沉淀下一批老员工，他们资历老，又有着丰富的经验和一定的威望，甚至不缺人脉关系和实力资本。于是乎，很多领导在面对这些人时难免会气场不足，既不能袖手旁观，又不敢简单地采取"除掉他"的方法。

殊不知，领导越是这样纵容、让步，对方只会越加放肆、嚣张。其实，领导大可不必这般束手束脚，只须明白一件事，制度的力量才是团队发展的依仗。诚然，这些老员工跟随团队多年，也曾为团队的发展做出过贡献，值得后辈们尊重。但是，正所谓"国有国法，家有家规"，如果不能端正态度，即使是老员工也不能原谅。

作为团队领导，面对老员工的倚老卖老与不配合，我们要敢于运用规章制度的力量给他们一点儿颜色瞧瞧。说到底，团队是全体成员的团队，不是哪一个老员工的团队，只要他仍旧是团队的一分子，就有义务遵守团队的制度、配合领导的工作。

静蕾刚当上经理的时候，团队中也有这么一个倚老卖老的家伙，他仗着自己是团队的元老，对静蕾制定的很多制度都不屑一顾。让他每天进行工作汇报，他偏偏拖到第二天早会时才草草总结几句，严重耽误了静蕾的工作进度和任务安排。

经过几次谈话无果后，静蕾不再客气，严格按照制度办事：但凡延迟汇报者，一律写检讨，第一次1000字，第二次2000字，第三次4000字……以此类推。在吃过了几次苦头之后，那名老员工就再也不敢跟静蕾唱反调了。

领导只要端正自己的态度，做到一视同仁、不区别对待员工，那么，即使有倚老卖老的人，只要严格按照制度办事，他也得乖乖听话。事实上，面对这些"老滑头"，领导很有必要让他们吃点儿苦头，杀杀他们的威风。这并不是不尊重老员工，而是为了维护团队的稳定和谐，同时也是避免老员工犯错。那么，具体来说，领导应当怎么做呢？

（1）先礼后兵：先给予老员工尊重

这种尊重不是表面的恭维或奉承，而是真正重视老员工的工作经验和想法。老员工通过多年经验教训积累下来的工作习惯，一定有其存在的道理。在对方没有犯错的前提下，领导有必要给予他们足够的尊重，这是对他们过去所做贡献的认可以及感谢。

（2）用制度说话：制度面前，人人平等

在给予足够尊重的前提下，领导就不能再过多地偏袒老员工了。凡事以制度说话，可以在福利上略微倾斜，但在面对错误时却要公平公正地对待。哪怕是老员工，只要犯错，同样严惩不贷。如此一来，倚老卖老的现象自然会得到遏制。

（3）对于没贡献又爱摆架子的员工，直接剔掉

有一些老员工，一没有能力，二没有为团队做出过贡献，如今反而摆架子、讲资历，玩弄权术，不配合工作。对于这样的员工，领导也不必客气，直接将其剔出团队就好了。他们的存在只会影响到后进员工的积极性，阻碍团队的发展。

总而言之，对于团队里的元老，领导应给予尊重，这样做不但能使员工从内心里认可团队，也能学到更多的经验。但是，如果有人借着资历倚老卖老，阻碍团队发展，领导也不能一味地忍让，该出手时就出手，让倚老卖老者付出点儿代价，这样才更利于团队的和谐。

善于发现每个人独特的优势

华人管理教育第一人余世维曾经说过这样一句话："兵随将转，无不可用之才。作为一个管理者，你可以不知道下属的短处，却不能不知道下属的长处。"

优秀的团队领导往往都有一个共同点，那就是善于挖掘员工的深层优势，并将之很好地用到工作中去，使团队中的"英雄"都能有用武之地。换句话说，在一个优秀的领导眼中，每一个员工都是宝贵的资源，不存在所谓的"无用"员工。

黄先生的团队中有个叫小陈的员工，他一直以为此人不堪大用，想把他踢出团队。直到有一次，他让对方完成一份报告时，对方才展现出了一项特殊的才能。

为了完成那份报告，小陈前后被黄先生训斥了20多次，每一次都让他重新修改。换作其他员工，被驳回这么多次早就不干了，但小陈却没有灰心丧气，也没有恼羞成怒的迹象。黄先生突然意识到，这也许就是小陈的长处——不怕被打击。

想到这一点，黄先生特意找到小陈，对他说："你有很强的毅力，坚持下去，一定能成功。"被领导鼓励和认可后，小陈很感动。他看了黄先生很久，才说道："经理，谢谢你！"自那之后，小陈对待工作更有韧劲儿了，一次不行就两次，两次不行就三次。慢慢地，他的工作有了起色，人也开始自信了，渐渐成为了团队的中流砥柱。

举一反三，黄先生开始以正面的眼光看待自己的员工，努力发现他们身上各自的优势和长处。他这才发现，自己的员工个个不凡，有的头脑灵活，想问题、看事情总能一针见血，而有的则成熟稳重，把事情交代给他就不用再费心了。

在黄先生的努力挖掘下，十几名员工逐渐发挥出了各自的最大威力。短短两年不到，他所带领的团队竟一跃成为公司的明星团队，而他本人更是成了经理中的模范。

每个人都有他独特的优势，不存在绝对的"无用之人"，只有不会用人的人。杰克·韦尔奇说过："要相信，员工的潜能绝对超乎你的想象！只要你肯挖掘，你就会得到一笔惊人的财富。"可见，作为团队领导，仅有工作能力还不够，还应当慧眼识人。

只有慧眼识人，我们才能唯才是用，并且能因材施用，也才能更好地组织、优化、稳定和发展团队。一句话，团队管理的核心就是"会用人"。只要我们能够知人、用人，那么大事可期矣。具体来说，领导应当从哪些方面着手呢？不妨参考以下几点：

（1）充分了解每个员工的具体情况

简单来说，如果对员工足够了解，那么领导不但能在员工出问题时对症下药，还能有针对性地安排工作。比如，这个员工耐心不够，就给他安排及时性强的工作；那个员工头脑转得快，就给他安排需要动脑的工作，如此一来就能充分发挥他们的实力了。

（2）利用个性提高员工的工作积极性

刘备请诸葛亮办事总是礼贤下士，尊称一声"先生"；请关羽、张飞办事，那就大大不同了，先来一句"贤弟啊"；而当他需要和孙权联盟时，则以诸侯之礼相待。

这说明了什么？对待不同的议事对象，我们需要有不同的相处方式。在团队管理中也是一样，领导千万不能认为"自己高人一等，员工必须听我的"。想要提高员工的积极性，领导就应根据不同员工的不同个性进行量体裁衣，予以专门的"相处模式"。

（3）从关注现有优势开始

总是将注意力放到员工的劣势或缺点上，不但会打击员工的自信心，也会影响到领导的心态。我们不妨从关注员工现有的优势开始，先想办法扩大员工已经具有的优势。毕竟，和那些必须经过开发才能具有的优势相比，现有的优势更容易快速地转化为效率和业绩。

总之，没有平庸的人，只有平庸的管理。高明的领导，往往会首先承认员工的不平庸，进而从他们身上发现不平庸的东西，再加以引导和开发。如果领导总是不遗余力地想要消除员工的缺点，那么他就没有精力再去思考如何发挥员工的长处和优势了。

可见，想要成为一名优秀的领导，我们应具备慧眼识人的能力。即使短时间内找不出员工的优势，我们也不要急于否定，换个角度再看，说不定就会发现一名精英。

善于帮助不爱求助的员工

团队中常常会有这样的员工，他们几乎从不主动向他人寻求帮助，总是一个人默默地做着工作，遇到问题了就自己解决。当然，有的时候他们的确能靠自己的力量搞定问题，但更多的时候他们无力解决问题。即便如此，他们还是不愿意主动寻求帮助。

这样的员工在我们的团队中是很常见的，很多领导都对他们避之不及。他们就像一个闷葫芦，有什么事都埋在心里，一点儿也不往外倒，以至于我们在安排工作或分析团队工作进度的时候很难弄清楚他们的具体情况和工作进度，这不利于团队的发展。

于是，很多领导就有了这样的共识：那些不爱求助的员工，大多是工作态度不积极、没有责任心，甚至完全漠视工作和团队的消极员工。但是，当一个员工没有主动寻求帮助时，并不意味着他就是不好的员工。作为团队领导，我们应当主动关心他们。

王先生交给下属胜男一项重要任务，要求她三天之内必须完成，然而一直到第五天仍不见她交付任务。王先生心想：看来，我交给她的任务她根本就不怎么重视啊！

想到这里，王先生气冲冲地招来胜男，问道："明明告诉你三天内必须完成，今天已经是第五天了，有结果了吗？"

胜男说："下班前就能完成！经理，对不起，中间遇到点儿问题……"接着，她将自己的工作情况告诉了王先生。他这才知道，原来不是胜男没有认真工作，而是中间需要同其他部门协调而，耽误了些时间。

听到这里，王先生无奈地说："工作上遇到问题，你怎么不跟我说呢？"自那之后，他开始有意识关注胜男，在她工作进度缓慢的时候主动提供帮助。

一般来说，团队中那些不主动寻求帮助的员工大致可以分为两类：一者，他们认为自己没有问题，不需要帮助，但在旁人眼中他们却大有问题；二者，他们知道自己遇到了问题，但是深信靠着自己的力量能够解决，就不用再麻烦别人了。

对于第一类人，作为团队领导，我们应该主动出击，首先告知员工存在的问题，然后再征求他们的意见。如果在发现问题的前提下他们能够独自解决，那就放手让他们自己去克服。如果对方死不承认，知道问题仍不改变，那就需要我们强制管理了。

对于第二类人，领导更应该主动出击，帮助对方解决问题。因为对于这些人来说，他们并非故意在问题面前停下脚步、延缓工作进度，他们之所以不愿开口求助，或许更多的是因为他们内向的性格。因此，无论是为了员工自身的发展，还是团队的整体工作进度，领导都应该对他们投注更多的关心，帮助他们走出问题囹圄，以提高团队的整体效率。

可以这样说，团队领导的职责是针对整个团队来说的，而每一个员工都是团队的组成部分。当他们遇到问题或困难时，领导提供必要的帮助是很正常，也很符合情理和管理学原理的。所以，请不要吝啬我们的帮助。那么，具体来说在帮助员工时应当注意哪些问题呢？

（1）不要强制提供帮助，而要以理服人

对于一些不愿接受他人帮助的人，如果领导强制提供帮助的话，很有可能会引起对方的反感。因此，只要员工的所作所为没有违反团队的基本原则，那么，领导最好是采取以理服人、以情动人的方式，向对方说明利害关系，然后再提供帮助。

（2）可以提供一些额外的帮助

有的时候，员工没有寻求帮助，是因为他们坚信自己不可能得到帮助。这是一种极度缺乏自信的表现。这个时候，领导可以为他们提供更多的帮助，让他们扭转这种看法，建立起自信心来。比如，对待像前面例子中胜男那样的员工，领导不但可以提供工作上的帮助，还可以提供生活上的一些经验，开导和激励对方，增强对方的自信，使对方快速进步。

（3）不要吝啬于我们的欣赏

大多数不愿主动求助的员工几乎都是源于性格上的内向、对自身的不自信以及对外界的抗拒。这个时候，领导就不要吝啬于自己的欣赏了，要多鼓励对方，让对方意识到自己的优秀以及变优秀的潜力。如此，员工不愿求助的问题就会慢慢得到改善。

　　其实，帮助这些不主动求助的员工实际上就是在帮助领导自己。对于团队而言，如果员工保持缄默，遇到问题不主动求助，那么随着时间的推移，问题就会越积越多，最终影响到团队的稳定。所以，为了大局着想，领导也该主动帮助那些习惯缄默的员工。

───────── 第十一章 ─────────
提升领导能力，留住员工就等于留住了团队

靠制度创新才能留住优秀的人才

任何一个团队，在其逐渐壮大的过程中都会不可避免地面临一个难题，那就是优秀成员的流失。说到底，最优秀的人才是不甘心屈居他人之下的，这样的人你给多少钱都留不住，他们想的是自己成为"老大"，自己"打江山"。作为团队领导，该怎么办？

这个时候，领导要做的就是给员工们画一张大大的饼，让他们看到团队的发展潜力，对团队充满信心，让他们意识到：只要继续留在团队，他们就能获得更好的发展机会，登上更大的舞台。而一味地用金钱收买、用福利待遇吸引他们，反而是下下策。

被美国著名商业媒体《FastCompany》）纳入 2014 年 "中国商业最具创意人物 100 名"，与马云、雷军齐名的创业奇人宗毅，在 2002 年创办了芬尼克兹——一家做空气源热泵的企业。两年后，他旗下的一名销售高管突然离职，自立门户。

这件事的发生让宗毅开始思考：团队里总会出现"牛人"，都想当"老大"，给多少钱都不可能留住，怎么办？最后，宗毅认为，想要解决这个问题只能靠制度创新。

在 2006 年，他宣布要注册新公司，并且从高管中选出一名做创始人，这个高管必须出钱占股，而且越大越好；同时，如果其他高管参投，5 万元一股，一股起投。

当时有六个高管，宗毅鼓励每人拿出 15 万元入股。当时高管们都半信半疑，认为老板是想套住自己的资金。在做了大量的沟通工作后，宗毅还是没有说通其中两名高管。最后他和合伙人加四名高管凑了 65 万元，其中宗毅自己出了 20 万元，正式启动了新公司。

一年后，公司赚了 100 万元。宗毅拿出 60 万元分红，这使两名没参与的高管后悔不已。有了这次成功，宗毅得到了所有员工的信任。之后，他利用同样的方式迅速将一家公司变成七家，员工都相信跟着他干不但公司会越做越大，而且自己也有机会成为老板。

利用这种新颖的管理方式，宗毅不但将那些优秀的人才留在了自己的团队里，还让他们爆发出了200%的工作热情。此外，他还通过这种管理模式减少了新员工与老员工的摩擦及老员工倚老卖老的问题。

宗毅总结这种模式时说："其实这就像一场游戏，你在跟我赌，你要输了你会很惨，而我还是我。但你要是赢了，会比我好。"他认为，一个公司败了，创业的那个人全部的身家就没了，但对他和整个芬尼克兹而言只不过少了1/10而已。他说："我们选择总经理也有一个标准，他要把自己的身家全部押进来，我们才可以把公司交给他。"

换句话说，这就是个"金手铐工程"，把员工和企业的利益捆绑在一起，让二者的价值观趋于一致，最后双方得到共赢。这就是宗毅留住人才的办法：我让你当老大，我还投给你钱，但你必须是立身于我所在的这艘大船上。成功了，这艘船就会越来越大，而失败了也没关系，不会伤筋动骨。说白了，这就是先给员工画一张大饼，然后激励他去"做饼"。

很多团队为什么留不住人，就因为领导不懂"画饼"。在团队起步时，领导喝汤，员工喝汤；团队壮大后，领导吃肉，员工还在喝汤，让员工看不到一点儿希望。靠高薪挖来的员工，很容易就因为更多的钱而离去。因此，与其利用金钱诱惑，不如学会"画饼"。

（1）用内部创业来激励、吸引人才

在芬尼克兹，宗毅会定期举行"如果我是总经理"的创业大赛，让员工自由组队，带着自己的商业计划上台作demo演讲，然后通过三轮筛选的模式（第一轮由公司高层打分，第二轮由专业的创业界"大咖"打分，第三轮进行公司内部融资），让有资格的员工自主选择，决定给谁投资。如此一来，通过"人民币"选出来的人才，往往德才兼备。

（2）可以采取股权激励等利益共享制度

其实，对于那些"牛人"员工来说，他们追求的往往是自我价值的实现，之所以热衷于自立门户，实际上是为了实现某种梦想或是体验一番"当家做主"的感觉。因此，我们完全可以根据员工的能力水平和对公司的贡献程度分享一定比例的股权，让他们觉得自己也是公司的主人翁，与其脱离团队再次创业，不如成为团队的主人，继续拼搏。

　　总而言之，任何一个团队壮大后都会出现这样的"牛人"员工，他们追求的是自我价值的实现，单凭物质诱惑是很难留下他们的。况且，靠高薪挖来的员工很容易因为更多的钱而选择离开。因此，领导一定要学会"画饼"，然后激励员工自己"做饼"。

团队的灵魂人物要有全局观

所谓全局观，就是能够把目光放长远，能够把握好整体利益和局部利益的关系，分清主要矛盾与次要矛盾，不因小失大，对待问题能做出快速的反应和正确的决策，使整体的利益最大化。这种能力是团队领导必须要具备的，但是很多领导常常缺乏这种能力。

在某公司一次会议上，因为一项重要的任务没能完成，老总大发脾气，让众多经理一起分析其中的原因。业务部门的经理说："要完成任务，我们就需要得到支持部门的配合，但他们没有给我们应有的支持与资源，所以我们无法按时完成公司的任务。"

听到这里，老总用严厉的语气批评支持部门的经理："你们在干什么?! 为什么不按时交给业务部门他们需要的东西? 你堂堂一个经理，看不到这件事的重要性吗?!"

支持部门的经理非常委屈，说道："这不能怪我们啊，我们这个部门成立的时候，您布置给我们的任务不是这个啊! 你要我们做的，我们都做到了啊! 再说，业务部门要的东西我们今天是第一次听到。我们之前也想过他们可能需要，考虑过是否应该帮他们，但觉得那样有越权的嫌疑，也就没有做。您作为老总，应该清楚地告诉我们要做什么。"

类似的情况在很多团队都会上演，这里存在一个明显的问题，那就是团队中员工在岗位职责定义上沟通不畅，以至于本来可以做好的事情被搞得一团糟。诚然，老总作为团队的一把手有着不可推卸的责任，但那些部门经理是缺乏必要的全局观，无法跳出自己的岗位局限，从公司的整体出发来看待问题、处理问题也有明显的过错。

无论是在哪个行业、哪个团队中，有大局观的人一般都是团队的灵魂人物，能够决定集体的未来。对于各级领导干部来说，大局问题始终是一个十分重要的问题。有没有大局观，是衡量一个领导合不合格的标准，同时还关乎整个团队的发展潜力和员工的利益。

很多团队领导目光不够长远，要么坐等上级的指示，不是自己职责内的事就彻底不关心，要么就是只着眼于自己的团队这一小小"视界"，不从整个企业、集体的层面出发去考虑问题，导致团队不能很好地发挥实力，严重影响了到团队效益。

一个团队领导，不但要能解决团队内部的问题，还要能解决团队与外部的问题，并为团队未来的发展奠定方向，而要做到这一步就离不开全局观。有全局观的人，会从团队整体和长期的角度考虑问题、进行决策、开展工作。全局观，就是一种战略眼光。

要想培养出全局观，在千头万绪中辩明大局方向，首先应弄明白自己所在的位置。所处的位置不同，看问题的角度也就不同。因此，领导一定要认清自己的定位，并在此基础上学会换位思考，开阔自己的眼界。具体来说，我们可以这么做：

（1）敢于主动站在更高的层面看问题

一个人处理问题的方式，很大程度上取决于他的眼界高度和宽度。作为团队领导，我们一定要敢于站在更高的层面去思考问题。比如，如果是公司某部门的经理，那么就可以让自己站在公司总经理甚至是股东的层面去考虑公司的发展。这样一来，我们的思考能力就会得到提高，这对我们处理一些团队内部的问题以及各部门之间的问题大有帮助。

（2）要具备一点奉献精神

从全局的角度考虑问题，本身就决定了我们需要跳出自己已有的框架，做一些超出我们分内的事情。全局观对于团队领导来说极其重要。因此，我们应该有一些奉献精神，明确个人与团队的关系，在决策时能通盘考虑，以团队发展大局为重，在必要时勇于牺牲局部"小我"和暂时利益，为整体战略实现和长远发展的大局让路。

（3）尊重规则，认清局势

有较强的法律意识、制度意识，尊重企业运作中的各种规则，不为局部小利而轻易打破规则和已经建立的平衡与秩序。深刻理解组织的战略目标，组织中局部与整体、长期利益与短期利益的关系，以及其他各关键因素在实现组织战略中的作用。

　　所谓"不谋全局者不足谋一域，不谋万世者不足谋一时"，一个团队领导，他可以不是总经理，但一定要能以总经理的思维，从企业的发展全局、从解决问题的各个角度去考虑问题。只有这样，才能挑起整个团队的大梁来。

领导应成为团队前进的标杆

有人做过调查，在中国，很多中小企业都很短命，90% 都活不过 10 年，还有多数企业长不大，规模不超过 2000 万元。它们大多出身卑微，几乎所有的老板都是草根，和国有企业相比就像是后娘养的。它们在夹缝中生存，活得艰难，很多都不能"善终"。

我们能将这一切的原因都归咎到社会环境上吗？显然不能。这些企业的命运多舛，有外部环境的原因，但更多的却是来自内部的原因。历史学家汤因比说："一个国家乃至一个民族，其衰亡都是由内部开始的，外部力量不过是其衰亡的最后一击。"

某县级市有一位家具经销商，此前曾代理国内一个比较知名的品牌，店面面积为 100 平方米左右。当时那个市的家具品牌不多，全国性品牌只有 3 个，区域性品牌不超过 5 个。这位经销商勤奋务实、能说会道，仅花了短短一年多的时间销售额就超过了 200 万元。

当时，厂家要求该经销商在竞争对手未大规模进入之前，赶紧把店面扩大到 200 平方米以上，一方面可以提升品牌形象，另一方面也能抬高对手进入的门槛。但该经销商觉得生意不错，保持现状也挺好，于是就没在意。

然而，两年后，将近 20 个知名品牌进入到了当地市场，其中好几个大品牌的店面都在 200 平方米以上，该经销商的生意遭受严重冲击。当他决定升级店面时，机会已经错过，悔之晚矣。

其实，很多领导都有一种"小富即安"的思想，尤其是那些草根出身的人。他们在取得了一定成绩之后就开始松懈，觉得保持现状也挺好，不想再劳心劳力地奋斗了。但是他们不知道这个道理：打江山容易坐江山难。作为领导，如果我们不提升自己，不自我成长，不从外界汲取最先进的知识，那么团队很快就会进入瓶颈期，面临崩溃的危机。

很多人在成立团队之初都非常有激情，凭着自己的勤奋和才能往往能将团队发展得有声有色；但当团队取得一定成就时，就开始原地踏步、不思进取了，虽然不断要求员工努力进步，却对自己不管不顾，最终使自己落后于时代、跟不上节奏。

在自然界中，迁徙的野牛群往哪个方向走、能否安全到达目的地，全在于跑在最前面的"牛大王"如何选择；而一棵树的高度，也是由最高的那根枝条所决定的。换到团队中也是一样的道理，领导自身的高度决定了这个团队所能达到的高度。

有一个创业者，在创业中途发现自己遇到了瓶颈，无法成长和突破。焦虑之下，他竟然跑去应征另外一家企业的管理岗位，因为他觉得在那里可以提高自己。

得知他的来意，面试官很是惊讶：没想到一个创业者竟然愿意放下自己的公司而重新当上班族，只为学习新东西。当然，这个公司因为现实考量并没有雇用他。

但是，这位创业者的求学之心却给面试官留下了深刻而良好的印象，也促成了后来的合作——两家公司变成了伙伴，让这位创业者又多了一个新的发展机会。

领导者最怕的就是自己不能成长，成了公司成长的瓶颈。想要进一步壮大团队，领导不但要督促员工不断进步，更要注重提升自己，让自己成为团队前进的标杆。人们常说，一个真正优秀的团队领导会带领团队一起前进，而非原地踏步。

当然，作为团队领导，每天花在工作上的时间必然有很多，而自我提升又是一个十分漫长的过程，需要付出大量的精力和时间。很多人也许会说自己没有时间，那么，领导们应该如何做才能有效提升自己，使自己获得成长呢？不妨参考以下几点建议：

（1）保持良好的学习态度，敢于向先进的员工请教

孔子说过，"不耻下问""三人行，必有我师"。在工作中遇到能力更强、更专业的员工是很正常的事情。而大部分领导拉不下脸，觉得员工超过了自己是很丢脸的事。其实，这没什么好丢脸的，大胆向这些员工请教，不但能够提升自己，也能赢得员工的尊重，为自己塑造良好的形象。而对于提升领导力来说，这甚至是一条捷径。

（2）每天留出一小时学习新知识，再忙也不要中断

拿下一个订单，搞定一个客户，只够我们吃一段时间。但如果掌握了一门新的技术却能养活我们终身，甚至为我们开辟出一条新的发展之路来。从这个角度来看，每天给自己腾出一个小时的时间去学习新的东西还是非常划算的。

（3）保持谦虚的心态，多与好的团队交流

骄傲的人往往目空一切，看不到别人做得好的地方，也看不到自己做得不好的地方，这样的人是很难取得进步的。应时刻保持谦虚之心，多跟其他团队交流，向他们请教管理经验、市场走势以及新的时代潮流，以此来保证自己的思维始终处在时代的前沿。

总而言之，领导者必须意识到：领导个人的自我成长是保持和增强团队竞争力重要的一环，绝对不能让自己成为团队进一步发展的"天花板"。而这正需要领导不断学习、开放心胸，引领团队不断创新，只有这样，才能让团队不断地进步。

权力下放可增强团队的凝聚力

在现实中，影响团队成员潜能发挥的一个因素就是，大多数团队领导者都不太相信他们的部属能把事情做得和他们一样好。也是因为这一点，所以授权在实际工作中总夹杂着拖泥带水和不信任。这也情有可原，因为权力和责任密不可分，一旦工作出现差错，团队领导者往往难辞其咎。可是，如果不能成功授权，不能给团队成员必要的、充分的权力，他们做起事来就会束手束脚，以至于任务不能顺利完成，从而影响到工作的积极性，破坏团队的凝聚力。

毫无疑问，一个团队如果想要实施创新策略，团队成员的全力支持与参与是必不可少的。美国 DLJ 公司总裁卡斯尔指出，一个团队的座右铭应该是："一个选择得当、训练有素和得到支持的人，特别是有着奉献精神的人，充满着无限的创造力。"团队必须鼓励每一个成员都来参与，而要实现这个目标，就应以团队为中心进行充分的授权。

DLJ 公司是华尔街上的优秀先锋，在那场史无前例的金融危机中，DLT 公司因内部机制不完善而一度被推入沼泽之中。正如卡斯尔所说："当公司的复杂性和可变性增长的时候，我们没有建立起必要的管理制度来对待创造力、个人自由发展和专业人员的创新所带来的新问题。"知道了问题的症结在哪里后，DLJ 公司立即采取措施，重视每一个员工的创造力，并且充分发挥授权制胜的威力，想尽一切办法来激发员工的潜力和积极性，发挥组织的凝聚力，与大家一起共渡难关。

在授权中，DLJ 的秘诀是将责任和权力分派给别人，为管理者节省时间去为未来做好规划和准备。DLJ 对此有一个形象的比喻：授权就像是教练在指导球员。好的教练不会追着球跑，那是球员的事；他也不用传授技巧，那有助理代劳。最佳教练专注的是发展策略。同时，每一位球员的态度都是一样的，即我是胜利者，我不仅能解决这些难题，还能使自己变得更强、更好。

的确如此，在不到 5 年的时间里，DLJ 公司就完全摆脱了金融危机的打击，利润增加了 100% 以上。

实际上，不敢轻易授权的团队领导者不是未能充分了解授权的真谛，就是未能正确授权。授权的重点不在于谁的能力比谁好，而在于谁有精力去做比较重要的工作。

授权不但可以帮助团队成员成长，而且对授权者也大有裨益。所以，作为一个团队领导者，你应当让被授权者成为明星，自豪地把他介绍给你的主管、同事和其他共事的人，要让大家知道你已经授权给了这个人，他能全权处理任何问题；同时，可强调被授权者的权力，再次提醒被授权者的职权范围，并使他更有自信。这是激发员工潜能和打造团队凝聚力的良方。

卡斯尔认为，下面几项措施可以实现有效授权，鼓励大家参与议事：

（1）集思广益，表彰先进，慧眼识人

也就是说，要善于倾听员工的意见，帮助大家借鉴成功的经验和失败的教训，并互相交流。在表彰先进时，不仅要表扬做出重大贡献的人，也要表扬做出小贡献的人。

（2）注重人才的吸收

不仅要吸收技术能手，还要吸收那些适合在团队中工作的、敬业而富有创造力的人。

（3）重视人才培训和人才选拔

人才是最宝贵的资源，所以，在工作中要认真对待他们。培训可以使他们发挥出最大的能力。同时，除了技术培训之外，公司还要努力把他们培养成社会需要的人。只有这样，他们的价值观才能与公司保持一致。而这正是团队的凝聚力之所在。而且，员工会因培训而逐步认识到创新的重要性，也会逐渐明白自己在创新方面可以做些什么。

（4）管理者要为员工提供安全感

如做出就业保证、规定工作做到何种程度员工就可升职等。要在不断变化的环境中做到这一点，就必须精心计划，同时还要靠全体员工的灵活性。

有关授权，还需要注意一点：一旦进行授权，自己就会面临更多的挑战，承担更多的责任；同时，管理者也要帮助下属成长。授权要想成功，确实要事前做好充分的准备，同时，参与者也要有共同承担风险的勇气和决心。

　　另外，授权对于增强团队凝聚力的作用还可以从授权对于培养团队成员整体搭配方面的作用中有所体现。作为团队领导者，只有授权才可以让团队成员在实践中锻炼整体搭配能力和自我调节能力，从而使团队获得高于个人力量的团队智慧，随时都能创造出不可思议的团队绩效来。

比物质更有效的是精神激励

一直以来，激励是管理范畴的一个热门话题。德鲁克认为，管理就是界定企业的使命，并激励和组织人力资源去完成。有的管理者认为，管理就是激励。

尤其是进入 21 世纪后，随着 80 后、90 后新人成为就业大军中的主体，这些生长在改革开放、物质产品比较丰富年代的年轻人，关于他们的激励是否有些合适的方法？为什么员工的工作条件越来越好，而其内心的动力却越来越小？

在任何竞技比赛中，每个人都想赢，那是一种强大的内在动机。

做任何事业工作时，每个人都想成，那是一股强烈的内心意愿。

没有人甘心落后，没有人愿意失败，为了比周围的人更出色、为了让周围的人认可自己，要舍得付出辛劳，加倍努力，这本身就是一种需求，对成就感的需求，而不仅仅是为了钱。马斯洛的需求理论认为，人的最高需求是实现个人价值。心理学家赫兹伯格说，钱只是保健因子，而不是激励因子。

那么，比钱更重要、更有效的员工激励有哪些呢？

（1）开诚布公地沟通

高诚信的企业会对员工毫无保留地公开公司的业绩情况，解释公司在经营管理及人力资源管理方面的一些基本政策，鼓励员工主动参与信息分享，同时无差别地公布包括坏消息在内的新闻并向员工坦承地承认在经营管理上的一些失误。

两年前，一家咨询公司的总裁罗斯制定了一个长期的奖金计划以激励公司 1500 名雇员中 2/3 的员工，他精确地计算了每一位员工在年终的时候将会拿到的奖金数量，并设定了一个上浮的尺度，然后把这个奖金的分配方案与员工进行了沟通。但由于互联网经济的破灭，公司业绩没有达到预期的目标，奖金计划大打折扣，只能发出计划中的40%了。

为了挽救与这一严峻形势，罗斯和公司的其他高管花了两周时间到40个城市的分公司和员工见面，亲自向员工解释发生的事情并承认管理层在项目制订上的失误。

最后，高管层取得了绝大多数员工的理解和支持，使问题得以化解。

（2）与员工分享福利

在过去的几年里，不少企业已经认识到，大部分员工对自己的切身经济利益不是很敏感。为了改变这种状况，提升员工对利益的关注程度，一些企业开始推行一种年度的"总额奖励计划"，以此和每一个员工的报酬进行连通，包括工资、体检和伤残福利、退休金等。

意料不到的效果是，推行这种计划的企业大幅度提高了员工对公司的信任度。其真正原因虽不是很清楚，但一种可能是，这些企业的员工认为管理层对他们有更为深入的理解及支持并为他们做了很多工作。

5年前，苏珊作为团队主管加入了一家外贸公司，当时该公司的员工信任度一度曾曾滑至低点。为了改变这一现象，苏珊实施了一个公开的政策：她对公司的雇员进行了遍访并和他们进行了非正式的交流，之后将注意力放到了赖以支持HR（人力资源）部门运转的HR系统方面，如报酬、赔偿及健康福利，并和员工讨论为公司付出的收益及可能得到的全年性的报酬。比如，一个员工由于家庭原因需要一笔数目不小的贷款、另一个员工需要健康咨询等。慢慢地，当员工的需求与企业的福利计划相结合，在HR部门的推动下变得清晰起来的时候，信任开始在企业内部重新构建了起来。

（3）让员工与闻公司决策

为了构建一个高信任度的组织，管理层必须要寻找员工不信任企业的原因以提高员工士气。

麦子是上海一家战略咨询公司的合作人，两年前，她服务的一个制造厂有5000名雇员，但产品质量和客户服务很差，员工士气降到了低点，员工对公司的信任基本上没有。

"我们的第一步是和员工坐下来沟通，了解问题的根源以及员工为什么会认为管理层不可信。"麦子说。人力资源部发现，员工对管理层的晋升感到厌倦，因为管理层对提供给工人的工具或为提高产品质量的权限非常有限。

在麦子的建议下，员工向高管层提供了改善工厂管理和促进组织变革的一些建议。工厂管理层不仅执行了这几条建议，还积极向员工反馈了执行后的变化情况。对此，麦子解释说："仅是从员工那里寻求建议是不够的，你必须要告诉员工，高管层采纳了哪些建议及取得了哪些效果，而不能简单地假定员工会留意这些变化。"

根据麦子的介绍，倾听员工的建议对改善工厂的信任度发挥了很大作用，很快达成了节减成本的目标，产品质量提升了 70%，准时交货率上升了40%。

（4）让员工为其表现负责

高信任度的企业得到的回报是员工高绩效的工作，这种环境对低绩效的员工是一种培训，仍不合格的就会被自动淘汰。

几年前，小陈在一家培训公司人力资源部任职，该公司的高管层正备受性骚扰丑闻的困扰——每个员工都知道这些事情。"人力资源部的建议是劝这些高层都离职。"小陈说，"然而老板不倾向于这种解决办法。但很明显，员工因为这件事对公司管理层失去了信任。大约 9 个月后，CEO 辞职，卷入丑闻的高管人员也很快都被解职。董事会最后认为人力资源部的建议是对的。"

对于小陈来说，那次经历中采取的行动不仅对保持员工士气和企业可信度很重要，而且对维护团队的信誉也是至关重要的。"管理层的每一个人都不得不维护组织的可信度。"他说，"但事实上，团队领导不得不出面澄清，因为我们是管理层和员工之间沟通的桥梁，我们必须要做好两方面的工作。如果我们都失去了信任，那这个组织就没有什么可以信得过的了。"

掌握留人的基本原则

求安是人生的根本要求，一个"安"字代表了中国人多少安慰与欣喜。孔子希望我们用"患不安"来消减员工的不安，因为"安"乃是激励的维持因素。然而，员工不可能完全达到"安"的地步，不安只能消减而无法消灭。

员工的求"安"，主要考虑同人与环境这两大因素，而两者互动可以产生愉快的工作环境、可以胜任的工作、适当的关怀与认同、同人之间融洽与合作、合理的薪资制度与升迁机会、良好的福利、安全的保障、可靠的退休制度以及合乎人性的管理等需求。

安则留，不安则去，乃是合理的反应。员工的求安程度不同，认为大安、久安、实安、众安的才会安心地留下来；认为小安、暂安、虚安、寡安的，虽然留着，心中仍会有不安，必须设法予以消灭。

安的反面是不安。公司不能做到"有本事就来拿"，过分相信甄试及测验，以致不知如何识才、觅才、聘才、礼才、留才、尽才，如此，员工就会不安。家族式经营并非不好，但如果不敢相信外人，不能容才、用才，就会导致员工"留也不是，去也不好"的不安。管理者不了解真正适合中国人个性的领导、沟通、激励方法，不能人尽其才，也会引起员工的不安。

当然，公司的经营方针不明确，缺乏技术开发能力，劳务政策不能顺应时代的潮流，或者不能重视整体发展，都是员工不安的诱因。

不安的象征，最具体的莫过于高层不放心、中层不称心、基层不热心。必须要设法做到高层放心、中层称心、基层也热心，这才是真正安人的表现。

我们不妨把员工分成四种，归纳为下述四种形态：

（1）稳定型

认为工作胜任愉快，而工作环境也相当良好的，自然会身安心乐，称之为稳定型。这一形态的员工多半不容易见异思迁。

（2）矛盾型

该类型员工认为工作胜任愉快，但工作环境有很多不如意的地方，去留之间相当矛盾，时常犹豫不决。

（3）游离型

这一类型的员工认为工作环境相当良好，不过工作不能胜任，遇到有更合适的工作机会就可能离职而去。

（4）滚石型

工作不胜任，对工作环境也有诸多不满。在这种情境下，实在很难安心工作，以致骑驴找马，一有机会便跳槽。

矛盾的员工觉得工作相当理想，舍掉十分可惜，但在工作环境方面则有着许多不安，例如照明不佳、通风不良、交通不便、噪声太大、空间太小，以及用餐不方便、安全不放心等，使员工觉得内心非常矛盾："走，可惜；留，难过。"

这时候，我们应该把员工的不安区分成个人的和集体的两大类。个人的个别解决，集体的则由公司统一予以改善。

消减工作环境方面的不安，可以按照"马上能做的，立刻解决；过一段时间就能改善的，宣布时间表；暂时不可能的，诚恳说明困难所在"的原则，逐一加以改善或说明。只要员工觉得合理，自然会消减不安的感觉，使自己改变心态，从矛盾型变为稳定型，进而安心工作。

游离型的员工认为工作环境相当理想，可惜工作很难胜任，当然谈不上愉快。

工作的胜任与否直接影响到员工的工作业绩及工作满足感。员工的个别差异正是主管指派工作时必须考虑的要因，例如对成长需求较高的员工给予比较复杂的工作；而对于成长需求较低者，则不妨调派些比较简单的重复性或标准化的工作。

实施在职训练乃是使员工由不胜任到胜任的一种方法。定期或不定期的工作轮调是增加员工工作变化性的有效方式。变化性加大，可以降低对工作的厌倦程度，是工作的横向扩大。工作丰富化在垂直方向有所延伸，可以增加员工的自主责任，使其获得更为完整的满足。只要工作环境条件改善了，自然能够减少员工的游离感，促其趋向稳定型。

滚石型的员工，由于工作与工作环境都不合适，因而身不安、心不乐。

这种心态如果不予改变，就会不做事、光捣蛋，令人头疼不已。

人事部门最好和他谈谈，不必直截了当地指责他，可以用一个中国人熟悉的"缘"字来沟通：先说他似乎和现在的主管没有什么缘分，所以处得不是很愉快，工作绩效也不高；然后让他挑选认为比较有缘的主管，如果愿意接受，便调换下部门试试，若是不愿意接受也要让他明白，并不是大家都欢迎他。如果调职之后有所改变，等于救活了一个人；而如果没有改变，应则问问他的感想。自愿离职最好，不愿意离职可由比较亲近的同事劝导他。不听，和他家人谈谈；再不接受，人事部门可以正面劝导其离职。

管理层次的人越少越好

每个团队在发展到一定规模之后都会遭遇到同一种危机：信息不畅、机制僵硬、机构庞大的"肥胖症"，职责不清、决策复杂、行动缓慢的"迟钝症"，本位主义滋生、矛盾增多、协调困难的"失调症"，安于现状、墨守成规的"思想僵化症"。这就是我们常说的大企业病。

任正非就曾直言不讳，华为如今很庞大，有15万员工，患上了大平台的病，需要立刻"就诊"。管理层次臃肿，管理成本过高，是很多团队在成长过程中必须要跨越的门槛，如果跨不过去，团队就容易分崩离析。

通用电器曾有着臃肿的管理结构：四个管理层，最下层是事业部，共有175个分部，每个事业部都是一个利润中心，有着各自完整的企业组织系统。这些事业部由45个管理部管辖，45个管理部又由另外10个大部门管辖，这10个大部门形成了最高级别的管理层，它们向公司的最高管理办公室报告工作。

这种组织形式在企业竞争中出现了很大的问题：首先是事业部数量增长过快，公司管理无法兼顾；其次，各下属企业仅从自身角度出发进行投资和业务扩张，投资过度多元化。到了后期，通用公司共有43个战略经营单位，管理得相当混乱。

1978年，通用公司在各种制造、销售和维修领域的产品多达13万种，但销售额却只有200亿美元，利润也十分有限，竟然仅有10亿美元。到20世纪80年代，通用公司进一步发展成为管理层次高达12个、雇员多达40万人的"经济大肥猪"，可谓病入膏肓了。

韦尔奇出任CEO后，清醒地认识到了通用的"臃肿之患"，开始精简管理层。最终，公司大量地精简、合并部门，将原先的43个战略经营单位减少到了14个。

团队壮大固然是好事，但如果不能及时预防"大企业病"，坐视团队的管理队伍越来越庞大，那么只会增加团队的管理成本。本来一个人就能处理的事，却安排大队人马去做，遇到利益一堆人竞争，关键时刻互相推诿，进而严重影响到团队的发展，这就得不偿失了。

任何东西，有优点就会有缺点。在同一机构中，层次越多，每一层管理人员的人数就越少，上下级之间的联络就越频繁，可以进行更严密的监督和控制。但是，在这样的管理体制下，上级往往会过多地参与下级的工作，层次越多，最上级与最下级的距离就越长，信息的传递就越慢，而且容易失真。还有，管理层次越多，管理成本就越高。

相反，管理层次越少，管理人员的管理幅度越宽，信息传递就越快，管理成本自然也就越低。当然，这种管理模式对于管理者的个人能力要求也相对较高。

"大企业病"似乎是团队发展必须要经历的阵痛，但如果我们能够掌握其中的症结，做到防患于未然，完善团队的管理结构、精减管理的层次、正确处理集权与分权的关系，那就能有效避免团队重蹈前人的覆辙。具体来说，我们可以这么做：

（1）削减不必要的机构，裁减冗余人员

在欧美地区，很多企业的中间管理层都曾有过过分臃肿的现象。每当这个时候，他们就会开启一轮"削减机构，裁减冗员"的行动，这能有效消除臃肿。比如一家公司，裁员前高层领导中仅副总裁就有 35 个，部门经理上百人，最后经过一番裁减，有 33 名绩效不合格的副总裁被辞退，部门经理被撤换 24 个、撤销 70 多个，整个公司的面貌焕然一新。

（2）集权与分权，两者要交叉并行

在需要强调集权的时候，民主、科学的决策程序一定要不折不扣地贯彻；在需要强调分权的领域，团队内部相互之间的有机联系一定要得到维系和发展。

IBM 在这方面就有着深刻教训。20 世纪 80 年代中期，时任 IBM 总裁的阿克尔斯为了改变管理结构，决定下放权力，将 IBM 划分为 13 个分部，每个分部都有自主决策权，但结果却使公司统一的销售部门无法相互联系，生产部各部门缺乏横向沟通，IBM 一度走向了衰落。直到 1993 年郭士纳上台，提出适当集中权力，IBM 才扭转局面，迎来重建。

（3）明确团队的管理结构及职能范围

很多团队在壮大后的初期阶段，由于缺乏管理经验，空有庞大的管理队伍和精英员工群体，却没有明确的管理结构，也没有明确各部门的职能范围，结果导致管理层在遇到事情后往往两眼一抹黑，不知道自己该干什么、应该怎么做、要做到什么程度。

建立明确的管理结构，限定相应的职能范围，清晰界定各层级管理者的权利和义务，这样一来遇事才能有条不紊，整个团队的管理也才能清晰可见，不会发生混乱。

任何一个团队，想要发展壮大并保持长期的扩张力都会遇到这种组织臃肿、制度僵化、反应迟钝的"大企业病"。作为团队的领导，我们要做的就是防患于未然，提前明确团队的管理结构，随时准备为团队"活血化瘀"，使之始终保持活力与生机。

大企业必须清除家族成员

很多团队在发展的初期，由于受资金等因素影响，其成员结构多为家族式，也就是成员中的多数人都与领导有着亲属关系或亲戚关系。他们陪伴团队一起成长，为早期的团队建设做出了巨大贡献。然而，随着团队的发展壮大，他们的存在开始制约团队的发展。

这样的团队有很多，比如陶华碧的"老干妈"、宗庆后的"娃哈哈"、朱新礼的"汇源果汁"、俞敏洪的"新东方"等，都是先从家族团队开始，一步步做成了后来的大企业。但纵观他们的发展轨迹，这些团队在壮大之后都做了同一件事情，那就是"去家族化"。

俞敏洪刚刚创立"新东方"的时候，他负责贴广告，他的妻子坐在前台管报名登记。后来，他的母亲、妻子的姐姐和姐夫等人也都进入了"新东方"工作。在新东方书店面临亏损的时候，还是他妻子的姐夫巧施妙计，让书店扭亏为盈，连续三年盈利，拯救了公司。

然而在 1996 年，俞敏洪将他的朋友请进了"新东方"，此时他开始意识到，如果自己的妻子还在"新东方"上班必然会出问题。妻子能管住他，她就会无意识地管其他人，如此一来，妻子跟其他员工说话的时候他们会感觉很尴尬。

为了避免这种情况的发生，俞敏洪提前让妻子撤出了"新东方"。2002年，新东方管理层又定下制度：任何人的亲属都不能在"新东方"任职。俞敏洪没有含糊，当机立断表了态："我的家族全部拿下。"从这一刻起，新东方彻底从一个家族企业变成了现代企业。

为此，他的妻子和他争吵，姐夫和大姨子不理他、生他的气，母亲也跟他闹别扭，逼得他不得不当众下跪，乞求母亲不要再干预"新东方"的事了。但即便如此，俞敏洪仍然坚持让自己的亲人离开"新东方"。他说："我完全不反对家族企业，国外有很多大的家族企业一做有做几百年的，但怕的是它只用家族人，只相信家族人，管理又不规范，每个人都像总经理。"在他看来，这样的家族企业是活不长的。

任何一个团队，当它发展到一定程度时，如果团队领导仍然执拗地用狭隘的"家族制"来管理团队，就会极大地影响到团队的发展。在这一点上，中国人尤其严重。因为中国人往往把握不好这个尺度，特别容易造成一个家族企业内每个人都是"总经理"。

比如，团队领导的妻子在面对其他员工时不自觉地拿出"老板娘"的威势；其他和领导有关系的人也会不自觉地借用领导的威势，在工作中"以势压人"，给其他员工造成困扰。更有甚者，干脆利用自己与领导的关系以权谋私，侵吞团队利益。

因此，当团队逐渐形成规模的时候，想要它继续保持活力与生机最好的办法就是清除团队中的家族成员。一来，这样做可以有效避免其他员工心生不满，影响到团队的公平、公正与和谐；二来，也减少了家族成员以权谋私、损害团队利益的情况，同时还可以避免领导本人因团队利益而与亲朋交恶的事情发生。从长远来看，还降低了管理成本。

此外，根据国外的调查研究，全球范围内的家族企业平均寿命只有24年，其中只有30%左右的家族企业能传到第二代，13%的企业勉强可以传承到第三代，而能在第三代后还继续盈利的只有5%左右。可见，家族团队在现代化的竞争中很难保持竞争力。综合各方面因素，清除家族员工都是势在必行的。但这并不容易，我们应该怎么做呢？

（1）给予家族成员一些股权，但不能任职

在国外，有很多大财团都是这么做的：将家族企业变成纯现代企业，一切业务由职业经理人打理，而家族成员只享有集团一定比例的股权，以集团股东的形式存在。杜邦家族、梅隆家族等众多大家族都是这样做的。有了股权作为补偿，也可以尽量减少家族成员们的反感度。这样做无论是对领导本人还是对团队而言都是最稳妥的方式。

（2）将家族成员调离重要岗位

通过将家族成员调离重要岗位的方式，让他们远离团队的权力核心。一来，这样做可以减少其他员工的戒心；二来，也可以避免家族成员生出不该有的小心思来。切忌让家族成员进入到董事会等核心部门，这么做会造成极大的权力混乱，不利于管理。

（3）多重用职业经理人

在一些关键岗位上，领导一定要多重用专业的经理人和经营管理者，不要任人唯亲，更不能因为对方与自己的关系而听信不恰当的建议。只要领导坚持重用真正的人才，时间一长，家族成员或家族性思维对团队的影响就会越来越小，直至彻底消失。

总而言之，在团队发展的初期，家族式的成员结构和管理模式的确能够有效建立稳定的团队框架，为团队的发展赢得宝贵的时间。但随着团队的壮大，家族成员的存在会制约团队的进一步发展，想要保持团队的活力就必须清除家族成员，选用专业人才。

——— 第十二章 ———

打铁必须自身硬，做一名让团队信服的领导

做下属真正佩服的领导

在实际管理工作中，领导必须要承认一点：如果员工觉得你跟他差不多，或者仅仅只比他强一点点，那么他就会认为你跟他是一个水平的，是可以一争高下的。这样一来，员工自然想跟领导"一决雌雄"。毕竟，如果大家能力都一样，谁又甘愿被别人领导呢？

董明珠，36 岁南下打工，进入了格力电器公司。最初，她连营销是什么都不知道。然而，在 15 年的时间里，她从最底层的业务员一直做到了珠海格力电器有限公司的总经理、格力集团的副董事长，并入选美国《财富》杂志 2004 年度全球商界女性 50 强。

刚到格力时，她接手的第一件工作是去安徽追讨一笔前任留下的 42 万元债款。在此之前，已经有许多人都负责过这个工作，但他们都以失败告终，甚至连公司方面都认为这笔款项已经追回无望了。但董明珠却不信邪，在历尽艰辛后仅用 40 天就完成了任务。

又有一年，她一个人的销售额就达到了 1600 万元，几乎靠着一己之力打开了格力集团在安徽的销售局面。随后，她被调往几乎没有市场份额的南京。在隆冬季节，她神话般签下了一张 2007 万元的空调供货单。一年内，她的销售额上蹿至 3.6 亿元。

1994 年底，董明珠出任格力电器经营部部长。在接下来的日子里，她领导的格力电器连续 11 年空调产销量、销售收入、市场占有率均居全国首位。在格力集团，员工都喜欢称她为"铁娘子"，她的话就宛如圣旨。而这一切，都是建立在她一张张的成绩单基础之上的。

有人问董明珠凭什么成功，她很自然地回答："能打胜仗！"是的，一个人要想在某一个位置上保持优势，并且还能得到员工的认可，他就必须在这个位置上做出更多的业绩来。有媒体说，董明珠走过的地方，"连草都不长"，所以，她的下属以及客户都服她。

想要真正得到员工的佩服和敬仰，领导就必须展现出足够强大的实力来。如果把员工比作小鸡的话，领导即使是只大鸡也还远远不够。只有当领导是一只火鸡，把员工远远把抛在后面时，员工才会放弃这种比较。

想把自己培养成"火鸡"，就要提升自己的能力或品质亮点。有很多地方，我们可以根据自己的特点刻意去锻炼积累，比如修炼出炉火纯青的复杂问题规划组织能力、高效准确到位的表达能力、洞穿事物表象的归纳总结能力以及慧眼独具的识人能力等。只要领导在某一领域或方面达到专业的程度，员工自然会心生敬仰。那么，具体该怎么做呢？

（1）当上领导，也不要忘了提升自己的专业技能

很多人一旦当上领导，就会抛弃掉以前还是员工时的一些业务技能，认为自己从此以后不会再用到这些东西了。殊不知，想要打动员工，最有效的就是这些业务技能。毕竟，不管何时，强者总是受人崇敬的。因此，领导永远不要忘了自己的业务技能。

更何况，领导如果不断地提升自己的业务技能还有一个好处，那就是当员工遇到相关问题时能够及时提供帮助，甚至领导还可以将这些技能传授给员工。这样一来，既能提高团队的整体工作效率，又能收获员工的感激和敬佩，可谓"一石多鸟"。

（2）培养一些业余的技能，并将其磨炼到专业的程度

有时候团队中存在精英级的员工，他们已经将工作相关的技能锤炼到了宗匠的地步，领导想要在这方面超过他们或者远超他们确实也不太现实。这个时候，领导就可以培养一些工作之外的技能了，比如围棋、活动策划、组织动员、说史谈经等能力。

任何人在某一领域，如果能达到相当高的水平，都会让人心生敬佩。领导大可不必局限自己的思维，硬要在业务技能上"打败"员工，通过其他领域的深厚造诣一样可以达成目的。并且，如果领导是个多才多艺的人，也有助于推动团队的和谐稳定。

最后，俗话说得好，"王有王道，将有将才"，不同的岗位需要的是不同的能力。作为领导，我们可以有多元化的实力展现，不必钻牛角尖儿。业务技能不行，就努力提升我们的管理技能，总之，努力打造一技之长，这是建立领导力的基础。

有开放的思想和胸怀

当我们还是员工的时候，让老板知道我们有意愿去学习新技能，或承担一些可能超出我们职责的项目，是一件很重要的事。老板寻找的是适应性强、头脑开放的员工。因此，我们想要从员工晋升为团队领导，就应该保持开放的思想，切忌因循守旧。

诚然，很多时候新晋领导的工作会受各种因素的制约，但能否适应已经变化了的工作环境则是其中最重要的因素。在工作实践中，我们可以看到，任何团队都不可能一成不变，它总是处于一个不断变化的环境之中。环境变了，团队的战略、结构、观念等如果不能随之发生变化，组织就会失去其应有的竞争力，就有被淘汰的危险。

作为新任领导，角色的转换如果跟不上岗位的变化，就很容易受自己以往工作方式、工作思路等的影响，导致用老旧的、不合岗位的办法解决新问题，用旧思维考虑新情况。这种主、客观的不适应，就会使组织逐渐失去活力，最终丧失发展的动力。

当下，一些团队领导总是感叹技术更新太快，懊恼自己无能，没能带领团队及时转战新的领域，比如前两年的电子商务热潮、网络自媒体热潮、网络文学衍生经济热潮、电子游戏热潮等。其实，这就是开放思想和胸怀不够、不能与时俱进的表现。

已过古稀之年的任正非，思想始终处于高度开放的新鲜状态，他最大的爱好就是阅读和交流。他的阅读面非常广，从政治、经济、社会到人文艺术等，无所不包。他也很喜欢到世界各地去走走。在华为发展壮大的近30年中，他走遍了全球绝大多数国家和地区。

他见过发达国家的繁荣，也见过最原始部落的辛苦；与政治人物对过话，也和僧侣苦行者论过"道"。他说："要敢于通过一杯咖啡，与世界上的大人物撞击思想。"

为什么是咖啡，而不是茶？因为茶更具东方韵味，而咖啡则是世界文化。在当今这个全球化的时代，只看到东方的一切显然是不够的，必须要将眼光放到全世界。

马云说过："淘汰你的不是技术，而是落后的思想。"当今时代，每天都在发生巨大的技术革命，昨天的最强可能是今天的最弱，昨天的优势会变成今天的历史，新技术的冲击远远超过大家的想象。不是新技术让你被淘汰；而是落后思想让你被淘汰，不是互联网冲击了你，而是保守的思想、昨天的思想、不愿意学习的惰性淘汰了你，自以为是淘汰了你。

在任正非看来，一个优秀的团队领导，要保持开放的思想，与时俱进，不断吸纳最新的知识、经验和理念。只有这样，团队才能一直走在时代的浪头，而不是被浪潮拍死在沙滩上。所谓开放的思想，就是敢于接受新的事物、新的理念；所谓开放的胸怀，就是不断去尝试新的东西，不畏惧失败和挑战。那么，具体来说，我们应当怎么做呢？

（1）改变从小事做起，比如更改上班路线

如果我们想更容易地接纳新思想，我们要做的第一件事就是接受对于我们来说完全陌生的事物。当然，这听起来有些空泛，那么哪些算是陌生的事呢？一条从未走过的上班路线，新邻居的一杯咖啡，一部我们从未听说过的电影……这些都是新事物。如果我们想更容易地接纳新想法，就应该尽量每周甚至每天都试着接纳一些新事物。

（2）大胆接受新事物、新理念，给"新东西"一个机会展示自己

想要拥有开放的胸怀和思想，最简单有效的做法就是张开自己的怀抱，大胆去迎接那些新的东西，给它们一个展示的机会；然后，再从中剔除糟粕，留下精华。

比如，对于前些年的"冰桶挑战赛"，很多具有传统思维的人认为这是在胡闹。但如果我们能深入了解，就会明白其背后的意义是为了给"渐冻人症"患者募捐，让更多人了解这种世界级绝症。事实上，很多人的确通过它知道了这种疾病。

所以，当一件新事物来临时，领导千万不能在没有详细了解的情况下就轻易地下结论。否则，诸如"中国黄页""网络文学"这样的金点子就会从我们手中溜走。

（3）多读一点史书，少看一点都市情感剧

多看一点史书，时间长河，万里江山，能够洗涤我们的心灵、拓宽我们的胸襟，提升我们的眼界和看问题的深度。但是，如果总是看那些都市情感剧，固然可以得到身心的放松，也能在某些生活细节上引起我们的共鸣，但对我们看待问题的高度、广度和深度却没有什么实质性帮助，反而会逐渐局限我们的思维、眼光和胸怀气度。

（4）改变我们的"例行公事"

绝大多数思想封闭的人每天都做着相同的事，不愿意或者没有勇气尝试新鲜的事物，因为只有每天重复相同的轨迹才能让他们有安全感。

那么，从今天开始改变这种"例行公事"的生活吧，不要每天吃一样的早饭，吃点儿别的；不要在下班后去健身房，试试在早晨跑步；不要直接在下班后回家，尝试着和朋友出去逛逛。

当我们改变自己的旧习惯时，就会惊讶于自己所看到的"新世界"：我们的视角发生了如此之快的变化，生活不再有秩序，充满了未知数，到处都有新的东西。

一句话，为将者自有不凡，以沙场为棋盘。想要带好团队，就要学会从整体大局出发去考虑问题，这就需要我们站在更高的位置上。而想要做到这些，斤斤计较、精于算计是不可能的。努力学习，做一个豁达的学习者，才是成为好领导的唯一途径。

能管好自己，才能管好团队

　　美国现代管理学大师德鲁克说过，想要做好管理者的角色，最重要的不是管理能力，而是主动的自律。也就是说，一个真正的团队领导必须要先管好自己，才有可能管好自己的团队。

　　王先生是一家电子产品公司的经理，在公司里他有很高的人气，几乎所有员工都非常尊敬他，更有人直言不讳，想转到他的手底下做事。同样，他所带领的团队中从来没有因为跟他闹矛盾而离开的员工。在每年的全公司业绩排名中，他的团队总是第一。

　　人们很好奇，不知道他是如何管理团队的。在他们看来，王先生不是个严厉的人，也很少开长达几个小时的团队会议；在每天布置工作时，也只是简单地说一遍就行。但就是这样的"放羊式"管理，却让他的员工们服服帖帖，更让整个团队都持续高效地运转了起来。

　　其实，答案很简单，那是因为王先生有关强大的自律能力。他从不在员工面前表现出无心工作的样子，也从来不在工作时偷懒。在团队聚会时，他也从来不会因喝酒而做出不堪入目的各种丑态来。总之，他在员工眼中就是一个工作认真、体恤员工的好形象。

　　无论是对待工作还是生活，他都强调认真、专注和全身心投入，希望以此带动员工。正是他的这种自律，让员工们都心服口服，自觉遵守他定下的制度，认真工作。

　　培养良好的自律能力，管好自己，是成为一名领导的基本素养。从某种意义上说，团队领导的本质就是先管好自己，成为所有员工的理想楷模。

　　为什么这样说呢？因为与被规范约束的执行者相比，管理者是资源支配权的拥有者，拥有更多的自由，理应承担相应的责任。比如在团队中，一个领导可能不必像一般员工那样按时打卡，但是需要对绩效和企业的营业收入负责，或许需要更多的加班，牺牲更多的休闲时间。

领导要管事务流程、管人、管资源，这是在行使权力，如果不能以更大的格局和视野看待自己的这种资源配置权力，还是止于一个普通执行者角色，被动接受制度规范的约束，那将是一个团队的不幸。这样的领导管理职位越高、资源支配权力越大，组织的灾难就越大。

对于每一个团队领导或即将成为团队领导的人来说，自由与权力都是充满了诱惑的玫瑰，它们无比芬芳却又暗藏危险，稍不注意就有可能被那些"尖刺"刺伤。因此，对于任何领导来说，管好自己都是最为要紧之事。那么，怎样做才能管好自己呢？

（1）以身作则，带头遵守团队纪律

很多领导抱怨员工不遵守制度，其实，在抱怨之前我们最好先想想自己有没有遵守制度。有的领导只顾着让员工遵守，自己却随心所欲，又怎能叫人服气呢？

张伯苓担任南开大学校长时，有一次看到一个学生抽烟，便说："吸烟对青年人身体有害，你应该戒掉它。"学生反唇相讥："你不也吸烟吗？"张伯苓当即将自己所存的吕宋烟全数拿出来，当众销毁，并表示再不吸烟。自此，张伯苓便真的再没吸过烟。

领导既为团队之首，自然要身先士卒、以身作则。只要我们做出了好的榜样，员工自然也愿意效仿。再不济，当我们"依法处置违法人员"时，也可叫他无话可说。

（2）要有领导的仪态，不要放浪形骸

不管在任何地方、任何时候，只要领导和员工同时在场，那么这就是一个团队，是一个公共场所。我们可以和员工打成一片，可以和他们互诉衷肠。但有一点，领导绝不能在员工面前放浪形骸，毫不顾忌自己的仪态。领导太过随便，会滋生不良的风气。

有的领导一到酒桌上，就在员工面前展现什么"五回手啊，六六六啊"，再不然，就是公然做出不可描述之事。这类行为，接地气倒是接地气了，也很容易跟员工打成一片，但对于团队而言实在是有害无益。员工会产生这样一种想法："看，原来这就是领导啊，学到了！"可想而知，这对员工的思想健康、团队的清正风气实在是有害。

（3）尽量展现"伟光正"的形象

这并不是主张虚伪，也不是提倡道貌岸然，而是在传播一种正能量。诚然，每个人都会有自己不好的一面，比如懒惰、懈怠、好逸恶劳等。但作为领导，我们有责任、有义务引领团队向好的一面发展。因此，在员工面前我们应努力约束自己不好的行为，传递真善美。这样一来，受到这种正能量的长期熏陶，整个团队的风气也会变得阳光、清爽。

总而言之，领导就是员工思想、行为的风向标，也是引领团队前进的舵手。领导只有做好了自己，成为了一个"厉害"的人，才能得到员工的认同。然后，众人才能齐心合力，团队这艘大船也才能走得安稳、走得坚定，永远朝着既定的目标前进。

领导要有一颗强大的内心

一个人能力越大，责任就越大。作为一个团队的负责人，领导往往比员工承受着更多的压力，需要考虑更多的问题。比如，为提高员工的薪水发愁、为团队可能面临的危机发愁、为如何维持团队生存发愁，等等。很多新晋领导由于受不了这样的重压，几乎造成了心理崩溃。

启飞在大学毕业后带领几个好兄弟一起创业，前半年收益不错，于是他们扩大了规模。结果由于管理不善，在第二年年初就出现了重大损失。

几个兄弟无法忍受这种失败，开始指责启飞"胡闹"，害他们亏本，要求他立刻变卖公司，以拿回属于他们的那一份收益，然后大家分道扬镳。但启飞知道，只要能挺过这段时间一切都会好转。可问题是，面对兄弟的责难，他很沮丧，想要放弃。

一个团队将会面临的问题，远远不止人们常见的那种来自外部的困难。有时候，领导还必须面对来自团队内部的质疑和反对。这个时候，领导如果没有足够强大的心灵，就很容易被这种内部的质疑和反对所击垮，从而造成团队的分崩离析。

就算大家都扛不住了，作为团队主心骨的领导也不能倒下。京东创始人刘强东当年就面临公司资金链断裂的窘境，短时间内又找不到新的投资人，连让员工维持生活的基本工资都发不出去。他卖掉了自己的房子、车子，带领团队渡过了难关。

领导团队难就难在，你不是一个人在奋斗，你必须要让大家齐心协力，一起为你们的目标全力以赴，其间会有很多矛盾、争议，也会有各种阻碍。要当团队领导，就必须做好承受高强度和高压力的准备，绝不能在压力面前自己先缴械投降。具体来说，我们应该怎么做呢？

（1）"什么也不做"，坚持下去，日久强"内心"

此处的"什么也不做",并不是让我们从此当一个懒汉,真的什么都不做了,而是告诉我们要坚持下去,不要惧怕挫折。遇到的挫折多了,内心自然就强大了。

有的新晋领导,稍一遇到挫折就自觉对不起员工、对不起团队,更对不起上司的辛苦栽培,连忙引咎辞职。他们看似敢于承担责任,实际上却是在逃避责任。为什么要引咎辞职?一个真正的领导是绝不会这么做的,他会整兵再战,以弥补错误。

所以说,很多时候,我们大可不必去求神拜佛,寻找强大内心的方法就是"什么也不做"。在我们当前的轨迹上坚持下去、努力下去,如此内心自然会变得强大。

(2)多和那些跟自己不对付的员工相处

当下流行一种"直播文化",主播们透过屏幕与观众们交流。不可避免的是,每个主播都会遇上一些不友好的观众,然后双方你来我往,或是互相伤害,或是力求和解。但不管是哪一种形式,凡是遭遇过这些观众的主播都会取得巨大的成长,他们不再害怕有人攻击他们。即使场面再尴尬,他们也能淡定自若地完成自己的表演。

这就是心灵强大的直观体现——"任尔东西南北风",我自"咬定青山不放松"。领导也可以效仿此法,多和那些跟自己不对付的员工相处。当然,不是让我们同对方打架,而是慢慢地通过交流让彼此更了解对方。在此过程中,我们的心灵自然会强大起来。

总之,任何一个团队的发展和运行都有可能遭遇各种各样的困境和难关,想要带领团队,我们就必须先强大自己的内心。只有当领导的心灵足够强大时,团队才会不惧任何挑战,员工也才会对团队生出信心和依赖感,而不再畏首畏尾。

妥协要有原则

很多人当上团队领导后，容易生出"唯我独尊"的心思，容不得团队中有敢于质疑自己的声音，与员工发生争执时也总是强势进攻、毫不妥协，希望压倒对方。

俗话说："领导者只有给别人台阶下，他们自己才会有台阶下。"如今早已不是茹毛饮血的远古时代，不必为了一个小小的争执就上演"村斗"或"灭族之战"。在工作实践中，领导应当正确地认识妥协的作用，一切以团队的利益为重。

学森从小就比较好强，与人发生争执，不分出个输赢来决不罢休。这种性格让他在工作上取得了不俗的成绩。比如，他和同事跟进同一位客户，大多数情况下都是他取胜。然而，当他当上了经理后，这种情况就变了，因为他过于强势、不懂妥协，他所以吃了不少苦头。

比如有一次，他交代一项工作给新来的员工。由于任务难度较大，新人未能完成。他火冒三丈，将对方狠狠地训斥了一顿。新人也是个急脾气，就跟他顶了起来。

在这种情况下，如果是经验老到的经理大多都会妥协，先让新人冷静一会儿。毕竟，年轻人做事很多时候是冲动的，容易将事情闹大。但学森不懂，眼见员工跟自己顶嘴，更是气急，说话也就更重了。结果可想而知，两人大打出手，闹进了医院。

事后，新人被辞退，学森也被上司狠狠地训了一顿，并记了大过，留岗察看半年，其间不得晋升。有了这次教训，学森开始长心眼儿了，再遇到这种事，哪怕气得要死，也会先做让步，再行解决。果然，在之后的工作中便再没有发生过类似的事情。

人的面子是彼此给予的，你给我面子，我才给你面子。在任何团队中，都必定存在性格刚烈、不惧领导的员工。面对他们，如果领导不懂妥协，一心想要压过对方，最有可能的结果就是"针尖对麦芒"，大家谁也不会好过，这对团队来说并不是好事。

更何况，领导肩上担负的责任往往比员工更大，需要考虑的事情也更多。如果不懂得妥协，一旦彻底"激怒"员工，使他们生出"不顾一切也要破坏领导工作"的心思来，那么对于团队来说，将面临一场可怕的损失，而对领导来说，其结果也是灾难性的。

俗话说，刚者易折。从大局出发，以团队利益为重，在必要的时候做出适当的妥协，以维持团队的稳定与和谐，是所有领导者都务必掌握的技能。因为在工作实践中，员工与领导发生争执甚至是对抗是很常见的事，没有人会完全听从另一个人的命令。因此，妥协就成了团队中的常态，要么员工妥协，要么领导妥协，总有一方需要做出让步。

当然，所谓"适当妥协"并不是让领导们无底线、无立场地妥协，而是要有原则地妥协。作为团队领导，在一些原则问题上是断然不能让步的，比如对团队制度的遵守、对团队文化的认同以及对团队形象的维护等。妥协是为了能够更好地管理，而不是让某些人为所欲为。在这一点上，所有领导都必须把握好分寸。那具体应该怎么做呢？

（1）学会换位思考，寻找更"和平"的解决方法

发生争执的时候，适时地站在员工的位置和立场上想一想。在大多数情况下，他们出现失误甚至犯下错误的初衷是好的，是从工作利益出发的。在工作中，领导要对那些听不顺耳、想不顺心的话，还有那些看不顺眼的事多一些理解和宽容，对员工多一些体谅。很多时候，冲突在于彼此的不理解，而站在对方的角度考虑，也许我们的愤怒就会少一些。

（2）因为工作而产生的争执，领导可适当妥协

有时候，领导说这个任务应该这么去完成，而员工却认为用另一种办法更合适。两者争执不下，会由此产生矛盾。其实，在这种情况下，领导能说服员工最好，如果不能说服员工也不必争执，领导不妨妥协一步，先让员工按照他自己的方法完成工作，等到他的方法失败或即将失败的时候，领导再从旁指导，大家协力完成。如此，既能确保工作的顺利完成，避免团队的损失，也能够消弭员工和领导之间的冲突，维护团队的和谐。更重要的是，这还能提升领导在团队中的威信，使员工真正对领导心服口服。

（3）因生活而起的矛盾冲突，领导不能公报私仇

很多领导因为私事或生活琐事与员工发生争执，觉得自己身为领导的面子被"削"了，想利用职权之便报复回来。这样做的结果往往是寒了员工们的心，将自己与员工隔离开来，最终名声败坏不说，还让团队也发展不下去，可谓是因小失大、得不偿失。

面对这种矛盾冲突，领导应该把自己放在一个普通人的位置上，和员工有理说理，千万不能借助职位之便公报私仇。面子只是小事，团队的和谐才是最关键的。如果妥协让步能够消除员工的怒火，使彼此重归于好，那么领导就应当毫不犹豫地去做。

妥协不是认输，更不是低头，而是一种缓兵之计，是一种以退为进的策略。通过妥协，让彼此都能从剑拔弩张的状态冷静下来、平复心情，然后寻找更好的解决办法，这才是领导管理能力的最佳体现。只顾着一味地"强攻"，那是莽汉而不是领导。

领导要起到良好的带头作用

有道是，百言不如一行。作为一名团队领导，所有的成员都会把目光集中到我们身上。在这种情况下，言语上的无力说教远不如以身作则来得有效。要知道，员工所关心的永远是领导在做什么、如何做，而非领导的报告做得有多么好、口才有多么棒。

日本著名企业家松下幸之助曾说过，要想提高商业效益，首先老板得以身作则，起好带头作用；否则，光靠口头上的话语是不够的，此之谓禁胜于身则令行于民矣。有道是，正人先正己，想要管好员工，领导就要先做好自己——示范的力量是惊人的。

联想集团的创始人柳传志就是一个以身作则的企业家。他常常说，作为一名企业领导，必须要以身作则，只有这样公司的制度规定才能有效地落实下去。

有一次，联想内部高层举行会议，柳传志不小心迟到了5分钟，他在简单说明自己迟到的原因以及完成会议议程之后，自发地在办公室门外罚站了5分钟。很多领导看到这一幕，都劝他不要这么做，怕影响不好，况且他也只有这一次迟到，算不上什么大事情。然而，柳传志却坚定地摇头说："这是公司的规定，还是我发起制定的，如果连我自己都做不到，又怎么有资格要求别人做到呢？"

事实上，远不止柳传志，很多团队领导都十分强调以身作则。万达老总王健林就曾自豪地说过："在公司我都是这样一句话，要求员工做到的，我自己一定要做到。"

当好一个领导不容易，要培养出自己的威信，让员工觉得我们是可靠的、值得信赖和信服的更不容易。在一个团队中，员工往往会将管理者的行为作为自身的参照物，以此作为自己的风向标。试想，如果身为领导的我们都做不到严于律己，上班迟到早退，做事没有激情，员工会怎么想？当然是有样学样，甚至理所当然地懈怠了。

我们常常会见到这样的景象，会议上领导大讲特讲某项任务的重要性和紧迫感，号召大家加班加点，要求尽快完成任务。然而，他自己却不愿身先士卒，该几点下班几点下班，有事没事还迟到早退，工作时也漫不经心。结果，引起了员工的不满，也跟着敷衍了事。

更严重的是，如果这个时候领导对员工进行教育批评，员工根本就不会听。他们会说："凭什么我们忙死忙活，你却在一边偷懒，你有什么资格说我们？"一旦领导自己的言行无法起到示范的作用，发挥榜样的力量，那么就连批评员工的底气都没有。

美国大器晚成的女企业家玛丽·凯说过："称职的管理者应以身作则，因为人们往往有模仿经理工作态度和修养的习惯，而不管其工作习惯和修养是好还是坏。一个常常迟到、吃完午饭后迟迟不回办公室、打起私人电话来没完没了、不时因喝咖啡而中断工作、眼睛一天到晚总盯着墙上的挂钟的经理，大多数时候，他的部下也会这么做。"

因此，想要当好一名团队领导，让员工愿意服从我们的命令，愿意跟随我们，除了需要有相应的工作能力之外，我们还必须努力使自己成为一个可靠的、严于律己的、能以身作则起带头作用的人。如此，员工才会信服我们。那么，具体应该如何去做呢？

（1）要有自我管理的能力，进行自我约束

在办公室里，再没有比"领导说是一套，做又是另一套"更令员工感到反感的事了。比如，明明刚在会议上说要勤俭节约，结果一转身又乱用公款消费。这样的领导，可想而知，他所制定的所谓"勤俭节约"的规矩将是何等缺乏说服力。

我们只有善于自我管理，将我们自己的言行都约束在公司的规定制度之内，员工才会信服我们的批评，我们也才有资格、立场去指导他们应该如何做。

（2）谨慎开口，不要瞎承诺，说到一定要做到

很多团队领导喜欢空口说大话、瞎放炮，比如脑门儿一拍就说道"我们今年的目标是……要超越以往……大家加油啊""好好干，下次就提拔你了"……

结果，目标定得太高、承诺来得太快，到时候却完成不了、兑现不了，这对团队的士气、对员工的积极性都是巨大的打击。久而久之，大家就会觉得完不成目标也没什么，领导的话都是忽悠人的……如此，我们的威信也就降低了，员工也就不信服我们了。

所以，任何时候，不管我们有多兴奋，抑或有多颓丧，一定要注意自己的言行，不能说得太"假大空"，以至于无法实现；也不能说得太保守，那样会打击员工的自信和积极性。

说到底，任何一件工作的完成，或者说一项制度、规定的实施，只有当领导自己积极参与时，才能真正带动员工共同的责任心，并以之为榜样要求自己。总之，身体力行，说到做到，起到良好的示范带头作用，是一个优秀团队领导必备的品质。

领导要养成检查的习惯

IBM 公司前 CEO 路易斯·郭士纳曾经说过："员工只做你检查的工作，不做你希望的工作。"这句话是什么意思呢？很简单，就是告诉我们：在实际工作中，对员工的工作结果进行检查非常重要。检查的目的不是为了训斥员工，而是为了及时发现问题、规避错误。

我们经常可以见到这样的场景：平时看上去极为能干的员工对老板说："都是多少年的老员工了，老板您还不相信我？放心吧，交给我没问题的！"于是老板就拍着员工的肩膀说道："好，这件事你就看着办吧！"结果，事情被搞得一塌糊涂。

三年前，岩峰和明义一起进入了一家公司工作。经过三年的打拼，岩峰成为了经理，明义成为了他手下的一名精英员工，两人合作契合、令人称道。

然而，岩峰最近却很苦恼——为好友明义而苦恼。原来，一个月前，岩峰曾交给明义一项任务。该任务较为艰巨，需要两到三个老员工才能搞定，但限于他刚晋升不久，组里老员工的人数严重不够，最后不得不交给明义，让他一个人来完成。

明义当时也一拍胸脯答应下来，有鉴于两人的关系，岩峰也就没有考虑事后检查的事，完全放心地让明义自由发挥了。没成想，就是这一次放手给他惹出许多乱子。经上面的领导检查核实，这项任务完成得非常糟糕，必须得重新再做一遍。

因为是岩峰领的任务，自然大领导将他骂了个狗血淋头。岩峰自己也反思，他认为自己应当负一定的责任，没能严格检查好友的工作情况，以致犯下了错误。

再三考量之后，岩峰决定仍然让明义来完成这项任务，不过，这一次他狠下心来对整个工作进度进行了严密的监督和检查。结果，这一次的效果大受赞赏。

王石先生说过："用人首先要疑。"他口中的"疑"，并非是对人的怀疑，而是对一个人必定会犯错的预估。美国西点军校也有这样一种观点，认为人都免不了犯错，所以需要通过制度来约束和监督。换言之，对于交给员工的工作，我们必须靠制度检查来规范和考核，才能尽量保证其效果。一旦暴露在检查范围之外，那么，员工的效率就充满了不确定性。

不可否认的一个事实是，人都有惰性，一旦管理者放松检查，员工就会不自觉地放松要求，时间长了，自然就会养成松垮的风气，执行力就会大打折扣。调查显示，在大多数公司里，自觉工作的人只有20%，60%的人靠监督，还有20%的人很难独立完成工作。

此外，经济学中有个"劣币驱逐良币"的理论，其实在团队中也一样适用。如果对那些表现不好的员工采取放任的态度，久而久之，就会助长这些人"懈怠者"的气焰，打击那些工作热情高的员工的工作积极性。从长远来看，忽视检查环节，是对整个团队的不负责。

因此，当领导布置完工作后，接下来要做的就是检查了。只要领导养成检查的习惯，及时发现问题，及时指导改进，员工的工作就会越做越细、越做越精，工作质量就会步步上升，员工的执行力才会不断增强。可以说，检查是提高团队效率最有效、最科学的武器。

不过，检查是一种科学的管理方法，而并非是对员工的刻意"挑刺"。所以，拿着放大镜去检查或带有偏见地核实员工的工作情况是极其不明智的，会对员工造成极大的伤害。作为团队领导，我们应该客观理性地进行工作检查。那么，具体该怎么做呢？

（1）检查要及时，对工作进度进行追踪

在追踪工作进度时，大致要注意这几个方面：首先要了解工作任务的详细情况，衡量工作进度及结果；评估结果，并与工作目标进行比较；对员工的工作进行辅导；如果在追踪过程中发现严重偏差，要找出和分析原因；采取必要的纠正措施，甚至变更工作计划。

（2）采取"上下结合"的检查模式

所谓"上下结合"，是指团队领导在进行检查环节时必须要和广大基层员工联系在一起。毕竟，对工作中的各个细节以及有可能会出现的问题最为了解的人还要数这些基层员工。因而，通过这种上下互动的方式，领导可以获得更精确、更及时有效的信息，同时将自己的命令和要求精确地传达到一线，高效地进行信息交流。

（3）在检查工作时，要赏罚分明，不刻意回避

既然是检查工作，领导就不能三缄其口、沉默以对。遇到做得好的地方、值得嘉奖的员工，就要予以表扬或是奖励，以此更好地调动他们的积极性；反之，遇到做得不好甚至是做错的地方，就应当根据公司规定予以批评或严厉的处罚，以体现公司的公正、公平。当然，领导在这一方面要把握好尺度，实事求是，不能带有主观色彩。

（4）检查要细致，不能走马观花

说白了，对工作情况进行检查就相当于是在重复工作的整个过程，是对工作结果合格与否的一次审视。如果在这个环节上疏忽大意了，那么很可能让整个团队、所有员工的辛苦努力前功尽弃。作为团队领导，我们一定要对整个团队负责，在进行工作检查时不能草草地对待。只见树木，不见森林，蜻蜓点水式的检查是绝对要不得的。

总之，检查就是执行力，检查才能有结果。一个现代化的、科学的团队，靠的永远不是拍胸脯式的口头承诺，而是有效的规则和制度。有了检查，一切就处在了阳光之下，不用遮遮掩掩，也便于领导管理。故而，作为管理者一定不能忽视检查的作用。

领导应具备利益共享的意识

企业做大了、赚钱了，富的却只有创始人一个，团队的其他人还是原来那样，你让他们怎么想？利益共享这个话题大家都在谈，但有几个人真舍得去共享呢？

事实证明，那些不舍得与下属分享的团队领导都没有走远。而选择把财富散出去的团队领导，很多则成了著名的企业家。

2014年1月，阿里巴巴集团执行副主席蔡崇信在接受《财富》采访时谈到了马云。他说："1999年6月，也就是我与马云见面之后的第二个月，马云对我说：'崇信，请帮我组建公司吧。'我答应了。"

创立公司时，需要明确哪些人是股东，于是蔡崇信给马云打去了电话，问他哪些人是股东。这事很重要，因为成了股东就涉及到企业股份分配了——马云给蔡崇信发了传真，上面写了一长串名字。马云让公寓里的所有创始人都成了股东。

蔡崇信说："这就是马云，我想这是独一无二的，在其他地方找不到。其他企业家往往会说：'我想尽可能多持有股份，掌控公司。'从第一天开始，马云的心怀就是开放的，与人分享的。我真心佩服他。"

马云无疑是明智的，因为他心里清楚，员工才是财富的创造者，阿里巴巴从当年那个小公司发展成现在这个上市的大企业，并不只是马云的功劳，而是千千万万阿里巴巴员工的功劳。马云分享股份成就了上万名千万富翁，这就是马云，能舍敢舍。

有人或许会说，如果马云当年不让出那么多股份的话，在公司上市后可能会超越比尔·盖茨而成为世界首富。事实上，如果马云当年手里攥着股份的话，阿里巴巴是不可能走到今天的，甚至根本就上不了市。员工在阿里巴巴始终都是第一位的。

这里既然提到了比尔·盖茨，就再提一提微软的福利制度。微软执行的是"人人有福利"财富分配方案。微软有员工4万余人，人均年薪近11万美元。除此之外，微软还给员工免费提供各种保险、运动设施，还提供音乐会、展览馆的门票——只有与员工分享企业财富，才能真正留住他们的心。

　　作为团队领导，其财富观决定着企业的未来。如果你只是想改善自己的财务状况，那你顶多成为一个公司的头儿，靠剥削团队成员的剩余价值为生，或许能富，但走不了太远。

　　真正有远见的团队领导不会把赚钱看成一种目的，他们把钱看得不那么重要，所以他们才愿意分享。只有利益共享，才能激发团队的工作热情，让他们为了企业的最终目标而奋斗。

　　有记者采访华为总裁任正非时间道："华为为什么不上市？"他的答案是："因为我们把利益看得不重，就是为理想和目标而奋斗。守住'上甘岭'是很难的，还有好多牺牲。如果上市，股东们看着股市那儿可赚几十亿元、几百亿元，逼着我们横向发展，我们就攻不进'无人区'了。"

　　有人评论华为的成功依赖的是政府的支持，靠的是机会，实际上，任正非真正的后盾是站在他后面的15万华为员工。他采用了中国企业中史无前例的奖酬分红制度。他本人所持有的股票只占了1.4%，98.6%的股票都归员工所有，这是华为式管理向心力的根源。

　　作为团队领导，最忌讳在企业成功之后就产生一种"一览众山小"的错觉，就不再把员工的付出当回事，甚至产生"谁不想干谁走人""反正企业做大了不怕招不到人"的想法。这种短视行为会让团队成员感到寒心，进而离你而去。

　　当然，利益共享也不只是成功之后才能做的事，团队领导很早就应主动培养自己的分享意识。当你登上什么颁奖台、发布会，除了强调自己创业多么艰难、危急时刻如何力挽狂澜外，也不要忘记感谢团队、感谢奋斗在第一线的员工，是他们和你一起冲锋陷阵，才有了你今天的光芒万丈！